肖葵 周和荣 卢琳 等编著

汽车金属材料
腐蚀试验与评价

QICHE JINSHU CAILIAO
FUSHI SHIYAN YU PINGJIA

化学工业出版社

·北京·

内容简介

本书结合汽车材料相关的 ISO、IEC、ASTM、JIS 和 DIN 质量与试验标准，对汽车金属材料的防腐蚀试验方法、防腐蚀设计、腐蚀评价、零部件防腐要求等进行了全面阐述。书中内容基于作者多年来对汽车金属材料腐蚀试验行为和试验方法的研究，详细解析了汽车金属材料在我国自然环境中大气暴露试验、整车道路试验以及室内加速试验的腐蚀数据，通过多种试验方法的相关性分析，探讨建立加速性和相关性兼备的汽车金属材料腐蚀评价的方法。

本书可供从事汽车材料、金属材料研发与应用的相关人员阅读，也可供相关专业院校师生参考。

图书在版编目（CIP）数据

汽车金属材料腐蚀试验与评价/肖葵等编著.—北京：化学工业出版社，2021.7
ISBN 978-7-122-38946-6

Ⅰ.①汽⋯ Ⅱ.①肖⋯ Ⅲ.①汽车-金属材料-腐蚀试验 Ⅳ.①U465

中国版本图书馆 CIP 数据核字（2021）第 066439 号

责任编辑：刘丽宏　　　　　　　　文字编辑：蔡晓雅　师明远
责任校对：边　涛　　　　　　　　装帧设计：王晓宇

出版发行：化学工业出版社（北京市东城区青年湖南街 13 号　邮政编码 100011）
印　　装：天津盛通数码科技有限公司
710mm×1000mm　1/16　印张 11½　字数 203 千字
2021 年 7 月北京第 1 版第 1 次印刷

购书咨询：010-64518888　　　　　　　售后服务：010-64518899
网　　址：http://www.cip.com.cn
凡购买本书，如有缺损质量问题，本社销售中心负责调换。

定　　价：68.00 元　　　　　　　　　　　　　　　版权所有　违者必究

前言

　　随着汽车行业的发展，汽车已经成为人们出行必不可少的交通工具。2019 年中国汽车产量 2572.1 万辆，成为世界最大汽车生产国，带动了上下游产业发展。然而，汽车的主体是金属材料，汽车行驶一定时间会发生腐蚀和老化失效，从而造成了很大的安全隐患。调查表明，汽车损坏中最为普遍和严重的是腐蚀损坏，尤其在沿海地区以及工业发达地区，腐蚀已经成为影响汽车使用寿命的主要原因。2013 年汽车腐蚀造成的经济损失达 1700 多亿元。为了有效地提高汽车的防腐蚀性能，确保汽车在行驶过程中的安全，汽车防腐蚀技术和汽车寿命评估技术的研究非常重要。

　　汽车零部件采用的腐蚀加速试验，主要按照 ISO、IEC、ASTM、JIS 和 DIN 等有关标准进行盐雾试验；中性盐雾试验（NSS）目前应用非常广泛，虽然 NSS 与实际自然环境腐蚀的相关性较低，但其仍是汽车行业普遍认可的腐蚀基础试验。近年来，越来越多的汽车整车厂不断采用新的循环腐蚀试验取代原有的中性盐雾试验。循环腐蚀试验是在恒定盐雾试验的基础上引入了高温、湿度、低温、干燥等参量，部分标准中还加入了紫外、氙灯等老化因素，尽可能考虑汽车服役条件的各种环境因素，旨在提高试验结果与自然环境腐蚀的相关性。目前，德国大众、美国通用、日本日产等国外各大汽车厂商已经形成了各自常用的汽车循环腐蚀试验标准，其循环腐蚀试验标准的试验过程基本相似，均包括了盐雾阶段、干燥阶段和潮湿阶段，但是各自标准中所规定的试验参数、边界条件和评价部位存在着差异。国内汽车厂商采用的循环腐蚀试验标准并不统一，合资厂家通常采用相应品牌的国外标准，而自主品牌厂家缺乏相对应的标准。因此，迫切需要制定国内具有代表性的循环腐蚀试验标准。但制定标准需要进行系统的典型材料腐蚀测试和基础试验数据的积累。

　　本书基于笔者多年来在汽车金属材料腐蚀试验行为和试验方法方面的研究，总结分析了汽车金属材料在我国自然环境中大气暴露试验、整车道路试验以及室内加速试验的腐蚀数据，通过多种试验方法相关性分析，探讨建立加速性和相关性兼备的汽车金属材料腐蚀评价方法。全书共分为 6 章：第 1 章概括介绍汽车金属材料腐蚀特征和试验研究进展；第 2 章介绍了汽车金属材料在我国典型大气环境下的腐蚀行为与规律；第 3 章介绍了汽车金属材料中性盐雾试验和不同标准循环盐雾试验条件下的腐蚀行为与规律；第 4 章介绍了汽车金属材料基于大气腐蚀环境谱的六种腐蚀加速试验设计方法；第5章介绍了汽车金属材料在整车道路环境条件下不同部位的腐蚀行为与规律；第6章重点分析了汽车金属材料不同试验方法的相关性。

本书系列研究工作是在北京科技大学李晓刚教授的领导下完成的，并得到了科技部国家科技基础条件平台建设项目（No.2005DKA10400）的资助，在此一并感谢！

参加本书编写工作的有北京科技大学的肖葵研究员、卢琳教授、董超芳教授、吴俊升研究员、白子恒博士、李墅亮博士、冯亚丽博士，武汉科技大学的周和荣副教授及研究生姚望、吕良兴、张力文同学，武汉材料保护研究所的吴军博士。感谢北京科技大学的杜翠薇教授、高瑾研究员、程学群研究员、刘智勇研究员、汪崧高级工程师、张达威教授、黄运华教授，以及武汉科技大学刘静教授、吴润教授、薛正良教授、黄峰教授、吴隽教授、柯德庆实验师、师静蕊工程师等的大力支持。同时也感谢长城汽车股份有限公司、北京福田戴姆勒汽车有限公司、泛亚汽车技术中心有限公司、奇瑞汽车股份有限公司等单位对于本项目工作的大力支持。感谢毛成亮、刘琳、陈俊航、宋嘉良、尹程辉、梁帅、刘倩倩、刘鹏洋、但加永、吴磊、张黎明、张小文等同学的工作。特别感谢李晓刚教授对于本书的出版给予的大力支持，对全书进行了细致的审核，提出了非常宝贵的意见。

由于受工作和认识的局限，书中不足之处在所难免，希望读者赐教与指正。

编著者

目录

第 1 章
汽车金属材料腐蚀概述 001

1.1 汽车金属材料腐蚀环境的特点 002
　1.1.1 自然环境 002
　1.1.2 气象因素 002
　1.1.3 污染物环境因素 003
　1.1.4 道路环境 006
　1.1.5 结构环境 006
1.2 汽车腐蚀类型 008
　1.2.1 均匀腐蚀 008
　1.2.2 点蚀 009
　1.2.3 斑状腐蚀 009
　1.2.4 缝隙腐蚀 009
　1.2.5 电偶腐蚀 010
　1.2.6 晶间腐蚀 010
　1.2.7 应力腐蚀 011
　1.2.8 腐蚀疲劳 011
　1.2.9 其他腐蚀 011
1.3 汽车腐蚀试验方法 011
　1.3.1 自然环境暴露试验 012
　1.3.2 室内加速腐蚀试验 013
　1.3.3 整车腐蚀试验 022
1.4 汽车腐蚀评价方法 025
　1.4.1 汽车腐蚀失效分析 025
　1.4.2 汽车腐蚀相关性评价 028
　1.4.3 汽车腐蚀日历寿命评价 031
参考文献 035

第 2 章

汽车金属材料自然环境暴露试验 039

- 2.1 我国大气环境特征 039
  - 2.1.1 气温分布规律 039
  - 2.1.2 相对湿度分布规律 040
  - 2.1.3 大气腐蚀介质分布规律 040
  - 2.1.4 典型大气环境特征 041
- 2.2 中国大气腐蚀等级 044
  - 2.2.1 大气环境腐蚀性等级 044
  - 2.2.2 我国大气环境腐蚀性等级分类 046
- 2.3 金属材料户外暴露大气腐蚀规律 048
  - 2.3.1 碳钢户外暴露大气腐蚀规律 048
  - 2.3.2 纯锌户外暴露大气腐蚀规律 051
- 2.4 基于 Q235 户外暴露大气腐蚀试验及腐蚀等级 054
  - 2.4.1 Q235 钢宏观腐蚀形貌 054
  - 2.4.2 腐蚀数据分析 054
  - 2.4.3 腐蚀规律及腐蚀等级 056
- 参考文献 058

第 3 章

汽车金属材料室内加速试验 060

- 3.1 中性盐雾试验研究 061
  - 3.1.1 Q235 和 DC06 钢腐蚀行为研究 062
  - 3.1.2 镀锌板腐蚀行为研究 069
  - 3.1.3 双相钢 DP600 腐蚀行为研究 077
- 3.2 循环腐蚀试验研究 080
  - 3.2.1 大众汽车循环腐蚀标准试验研究 081
  - 3.2.2 日产汽车循环腐蚀标准 1 试验研究 088
  - 3.2.3 日产汽车循环腐蚀标准 2 试验研究 095
  - 3.2.4 日产汽车循环腐蚀标准 3 试验研究 106
  - 3.2.5 福特循环腐蚀标准试验研究 111
- 参考文献 121

第 4 章

汽车材料环境谱腐蚀试验 122

4.1 环境谱设计思路 122
4.1.1 腐蚀等当量原则 123
4.1.2 碳钢材料折算系数 124

4.2 汽车材料加速腐蚀环境谱制定 125
4.2.1 全年标准潮湿空气作用时间 126
4.2.2 干燥试验条件 126
4.2.3 循环盐雾试验条件 127
4.2.4 试验参数确定 128

4.3 大气腐蚀环境谱试验研究 129
4.3.1 宏观腐蚀形貌分析 129
4.3.2 腐蚀数据分析 130

参考文献 132

第 5 章

汽车挂片腐蚀试验 133

5.1 Q235 钢在轿车不同部位挂片腐蚀行为研究 134
5.1.1 宏观腐蚀形貌分析 135
5.1.2 微观腐蚀形貌分析 136
5.1.3 试样腐蚀动力学分析 136
5.1.4 试样腐蚀产物分析 138

5.2 Q235 钢在卡车不同部位挂片腐蚀行为研究 139
5.2.1 宏观腐蚀形貌分析 139
5.2.2 微观腐蚀形貌分析 146
5.2.3 试样腐蚀动力学分析 153
5.2.4 试样腐蚀产物分析 154
5.2.5 腐蚀电化学分析 155
5.2.6 腐蚀行为及机理分析 158

参考文献 162

第 6 章
汽车材料腐蚀试验相关性　　164

6.1　灰色关联分析 …………………………………………………………… 164
6.2　汽车腐蚀试验相关性分析 ……………………………………………… 165
　　6.2.1　中性盐雾试验与整车道路强化腐蚀试验相关性分析 ………… 165
　　6.2.2　标准 PV1210 与整车道路强化腐蚀试验相关性分析 ………… 167
　　6.2.3　日产汽车 M0158（2）标准与整车挂片试验相关性分析 …… 169
　　6.2.4　室内盐雾试验和室外暴露试验相关性分析 …………………… 171
6.3　汽车材料腐蚀寿命预测 ………………………………………………… 173
　　6.3.1　汽车材料经中性盐雾试验后寿命预测 ………………………… 173
　　6.3.2　汽车材料经大众汽车循环盐雾试验后寿命预测 ……………… 174
　　6.3.3　整车不同部位挂片试样材料腐蚀寿命预测 …………………… 174
参考文献 ……………………………………………………………………… 175

第1章

汽车金属材料腐蚀概述

金属材料及其制品在生产、运输、贮存和使用过程中都会受到大气环境的作用而发生腐蚀破坏,统计表明:大约80%的金属构件是在大气环境下使用的。腐蚀造成的金属损坏约占国民经济总产值的3%~4%,大气腐蚀占其中的50%以上[1,2]。

金属在大气环境下的腐蚀其本质是在薄液膜下的电化学腐蚀过程。当金属暴露在空气中时,空气中的水分子会在材料表面迅速形成一层电解液膜,从而引发大气腐蚀。这层膜在几秒内就能生成,金属表面吸附水分子的量与环境相对湿度有关。当环境相对湿度在75%时,金属表面吸附的水分子层约为5个分子层,当水膜厚度大于5层时,就可以进行电化学腐蚀过程[3,4]。

托马晓夫曾将大气腐蚀分为三类[5]。

① 干大气腐蚀:金属表面完全没有水分膜层的大气腐蚀。金属材料在干大气中的腐蚀速率是非常小的,所以金属材料的大气腐蚀破坏主要并非由于干大气腐蚀。

② 潮大气腐蚀:在相对湿度小于100%,肉眼看不见的薄液膜下进行的大气腐蚀。在潮大气腐蚀情况下,由于薄层液膜的存在,O_2可从与金属表面垂直的方向穿过水膜,使得腐蚀电化学极化过程中消耗的O_2能够得到及时的补给,氧更容易透过液膜到达金属和液膜的界面。而在溶液环境中,O_2到达电极表面必须穿过很厚的溶液层,其传输速度必将受阻,因此通常情况下薄液膜下阴极极化电流密度比本体溶液中金属的阴极极化电流密度大。在潮大气腐蚀中,金属腐蚀速率较大,在大气腐蚀过程中起主要作用[6]。

③ 湿大气腐蚀:肉眼可见水膜时的大气腐蚀。在湿大气腐蚀情况下,金属腐蚀过程在肉眼可见的一定厚度的水膜下进行,此时金属腐蚀的历程近似于

在溶液当中进行。

多数工程用高分子材料不会发生电化学腐蚀。它们在大气中的老化形式主要以自然气候环境下的光老化和湿热老化为主[7]。金属表面液膜存在的时间、厚度等，对于腐蚀产物的迁移和氧的扩散有着直接的影响，其与大气气象因素有密切关系。而大气环境中的污染物会溶于薄液膜中，影响电解液膜的化学成分，进而影响金属在大气环境中的腐蚀进程。因此，研究大气腐蚀必须研究影响大气腐蚀的环境因子，包括气象因素（大气湿度、大气温度、降雨等）和污染物因素（离子成分、污染气体、颗粒物等）两个基本方面。

1.1 汽车金属材料腐蚀环境的特点

1.1.1 自然环境

大气腐蚀是金属腐蚀中最常见的，超过全世界钢产量60%的钢材在大气环境中使用[8]。大气环境因为地区不同存在差异，这方面主要取决于气候差异和大气污染物的状况。在同一地区，根据大气中与金属腐蚀有关的有害杂质组分的不同，可分为农村大气、海洋大气、城郊大气和工业大气[9]。在温度高、湿度大且大气中含Cl^-和SO_2高的地区，如热带、亚热带地区的海边城市和工业城市，金属腐蚀就较严重。不同大气环境下金属腐蚀程度如表1.1所示。

表1.1 钢铁在各类环境中的腐蚀程度　　　　　　　　　　　　单位：$\mu m/s$

大气类型	钢	锌	铝	铜
农村大气	5～10	0.5～1	<0.1	<1
海洋大气	10～30	0.5～2	0.4～0.6	1～2
城市和工业大气	10～60	1～10	≈1	1～3

1.1.2 气象因素

（1）大气相对湿度

大气腐蚀是一种电化学反应，空气中的水分在金属表面凝聚生成水膜，这种现象称为结露，发生大气腐蚀的基本条件是氧气通过水膜抵达金属表面。结露与大气的相对湿度有关，大气相对湿度是影响大气腐蚀的主要因素之一[10]。不同物质或同一物质在不同表面状态下，对大气中水分的吸附能力有所不同，因此形成水膜所需的相对湿度条件不同。金属表面腐蚀速率急剧增加时所需相对湿度称为腐蚀临界湿度值。大气中相对湿度超过金属的腐蚀临界相对湿度值后,大气腐蚀随着相对湿度值增大而腐蚀性越强。大气腐蚀临界相对湿度与金属种类、金属表面状态以及环境气氛有关,金属表面粗糙度越高,其临界相对湿度值就越低;金属表面沾有易于吸潮的盐类或灰尘时,其临界相对湿度值也越低。通常钢铁、铝、铜、镍、锌等金属的临界湿度约在 50%～70% 之间[11]。

(2) 温度和温差

大气温度及其变化也是影响大气腐蚀的一个重要因素,它影响材料表面水蒸气的凝聚、水膜中各种腐蚀性气体和盐类的溶解度、水膜的电阻以及腐蚀微电池中阴阳极过程的反应速率,从而影响大气腐蚀。从腐蚀动力学方面考虑,在相同条件下,温度升高,氧在电解液膜中的扩散速率加快,大气腐蚀明显加快。当大气相对湿度低于金属临界相对湿度时,温度对腐蚀速率的影响很小;但是相对湿度达到金属临界相对湿度时,温度的影响十分明显,按一般化学反应,温度每升高 10℃,反应速度约提高 2～4 倍。

温度变化的影响对凝露也有很大的作用。昼夜温差较大时,由于金属温度下降较快,表面温度会低于大气温度,大气中的水蒸气就会冷凝在金属表面上,从而加快腐蚀。徐乃欣等人[12]研究表明,大气腐蚀源于金属表面上的结露,若水膜中溶解有盐类,便成为导电性能良好的电解质溶液,大气腐蚀就发生在这层水膜下。温差比温度的影响大,因为温差不仅影响水汽的凝聚,还影响水膜中的气体和盐类的溶解度。

(3) 降雨量

降雨对大气腐蚀的影响体现在两个方面:一方面,降雨使大气中的相对湿度增加,润湿时间延长,同时雨水的冲刷作用可能破坏腐蚀产物形成的保护层,促进腐蚀;另一方面,降雨能带走金属表面的灰尘、盐粒等各种污染物,弱化液膜的腐蚀性,在一定程度上减缓了腐蚀。

1.1.3 污染物环境因素

全球范围内的大气主要成分几乎一致,但在不同环境中含有不同的杂质,即污染物质[13]。硫化物在材料表面与水分作用会产生硫酸、亚硫酸等降低薄液膜的 pH 值,从而加速材料的腐蚀;氯化物在表面薄液膜中形成的氯离子对材料的钝化膜有很强的破坏作用;氮化物会形成硝酸、亚硝酸等腐蚀性很强的成分;甚至碳酸在材料的薄液膜中也会降低 pH 值而加速腐蚀过程[14]。大气污染物组成见表 1.2。

表 1.2 大气污染物的主要组成

气体	固体
含硫化合物：SO_2、SO_3、H_2S	灰尘
氯和含氯化合物：Cl_2、HCl	$NaCl$、$CaCO_3$
含氮化合物：NO、NO_2、NH_3、HNO_3	ZnO 金属粉
含碳化合物：CO、CO_2	氧化物粉
其他：有机化合物	煤灰

固体成分在材料表面覆盖，会增加表面吸附水分的能力，也会在与材料相接触的部位产生缝隙腐蚀，加速材料的腐蚀过程[15]。大气杂质的典型浓度见表 1.3。

表 1.3 大气杂质的典型浓度

杂质	浓度/($\mu g/m^3$)
二氧化硫(SO_2)	工业大气：冬季 350；夏季 100 农村大气：冬季 100；夏季 40
三氧化硫(SO_3)	近似于二氧化硫浓度的 1%
硫化氢(H_2S)	城市大气：0.5～1.7 工业大气：1.5～90
氨(NH_3)	农村大气：0.15～0.45 工业大气：4.8
氯化物(空气样品)	农村大气：2.1 内陆工业大气：冬季 8.2；夏季 2.7 沿海农村大气：平均值 5.4
氯化物(雨水样品)	内陆工业大气：冬季 79；夏季 5.3mg/L 沿海农村大气：冬季 57；夏季 18mg/L
烟尘	工业大气：冬季 250；夏季 100 农村大气：冬季 60；夏季 15

（1）腐蚀性气体的影响

工业大气中，由于常伴有 SO_2、CO_2 和 NO_x 等有害气体产生，对金属的腐蚀有着极大的影响。其中 SO_2 的影响最大，它对碳钢、耐候钢、锌、铜、镍等的腐蚀作用是明显的。屈庆、严川伟等人[16]研究了 $NaCl$ 和 SO_2 共同存在时锌的大气腐蚀，发现 $NaCl$ 和 SO_2 有协同作用，它与锌表面氧化膜的存在有直接关系，腐蚀前锌表面已形成氧化膜，一定量 SO_2 的存在使锌的初期腐蚀速率比 $NaCl$ 单独存在时更大，但随着腐蚀产物的形成，阻碍了氧气的传递，会很快由最初的加速过渡到抑制，但两者共同作用引起的腐蚀大于它们独自存在的加和。万晔等人[17]研究了微量SO_2存在的实验室模拟条件下，沉积不同质量硫酸铵颗粒的Q235钢的大气腐蚀行为，发现沉积硫酸铵颗粒的Q235钢试样比其空白试样的腐蚀严重，而且随着沉积量的增加，样品的腐蚀现象更为严重。

以前的研究对CO_2对金属的腐蚀作用探讨很少，但随着工业的快速发展，大气中CO_2的含量日益增多，其对金属产生的影响正成为国内外密切关注的课题。王凤平等人[18]研究了CO_2在Q235钢大气腐蚀中的作用，发现在湿度大于临界相对湿度条件下，Q235钢的大气腐蚀速率随CO_2含量的上升而增大，CO_2对金属的腐蚀具有加速作用。在含CO_2气体的潮湿大气腐蚀条件下，Q235钢腐蚀产物形貌存在层状结构，即内层和外层结构，内层腐蚀产物的保护作用微弱，外层腐蚀产物无保护。在20世纪到21世纪初，随着工业中燃烧温度的提高以及缺乏对其进行控制导致NO_x的增加，目前随着国家对工业污染物排放的管理越加严格，NO_x这类污染物的含量呈下降趋势。有研究表明，NO_2对大气腐蚀的影响很小，而有人却认为NO_2有缓蚀效应。

(2) 氯化物的影响

氯化物有很强的吸湿性，尤其是海洋大气中含有大量的氯化物粒子，这些粒子很容易沉积在金属表面形成强腐蚀性介质，从而促进金属的大气腐蚀。国内外许多研究者开展了氯化物对金属的大气腐蚀影响的研究。F.Corvo的研究[19]表明，碳钢的腐蚀速率随暴露点距海岸线距离的增大而急剧减小，这与空气中的氯离子浓度分布显著相关，反映了海洋大气的强腐蚀性。亦有研究表明[20]，海盐粒子中的Cl^-具有强烈的穿透性，可轻易穿过表面腐蚀产物层而渗透到基体。NaCl沉积会导致Q235钢腐蚀加剧，Q235钢腐蚀失重随NaCl沉积量的增加而增加，但腐蚀一段时间后，腐蚀失重增加速率减缓。另外，在海岸地带的大气中常含有钙和镁的氯化物，这些盐类的吸湿性增加了在金属表面形成液膜的趋势，在夜间或气温达到露点时表现得更为明显[21]。朱红嫚等人[22]通过铝合金在万宁近海大气环境下的暴晒实验，研究了不同距海点铝合金的腐蚀失重及氯离子浓度影响。结果表明，距离海岸线越近，大气中Cl^-含量越高，铝合金腐蚀越严重。说明Cl^-对铝合金有很强的腐蚀作用，能加速铝合金的腐蚀。

(3) 固体尘粒的影响

固体尘粒对大气腐蚀的影响可分为三类：一是尘粒本身具有可溶性和腐蚀性（如氨盐颗粒），当溶解于液膜中时成为腐蚀性介质，会增加腐蚀速度；二是尘粒本身无腐蚀性，也不溶解（如炭粒），但它能吸附腐蚀性物质，当溶解在水膜中时，促进了腐蚀过程；三是尘粒本身无腐蚀性和吸附性（如土粒），但落在金属表面上可能与金属表面形成缝隙，易于水分凝聚，发生局部腐蚀。邹美平等人[23]研究表面污染物对冷轧低碳钢板耐大气腐蚀性能的影响，来自于钢板生产过程中在钢板表面的残留物，如残油、残铁等，对钢板的耐大气腐蚀性能有直接影响。

1.1.4 道路环境

当汽车行驶在路面时，路面的状况也会影响汽车的腐蚀。例如，当道路环境存在碎石、沙砾以及在冬天使用防冻盐时，这些环境因素也会对车身，尤其是汽车的底盘区域造成较为严重的影响[24]。

（1）沙砾与尘土

当汽车在砂石较多的道路环境中运行时，路面的碎石沙粒等颗粒物会对汽车的涂层造成破坏，使得汽车金属更容易暴露于大气环境中。车身的涂层受路面风沙影响较大，路面中的沙土颗粒会对涂层产生高速冲击磨损，加速涂层的破裂[25]。同时，路面中的浮尘会附着于车身，由于颗粒物的粒径较小、颗粒物之间空隙的毛细管作用，液膜更容易在尘土附着的位置生成，促进了车身金属材料腐蚀的发生[26]。刹车系统对于道路砂石的磨损较为敏感，当砂石颗粒被吸入刹车鼓时，会增加材料表面的研磨损失率[27]。因此，采用具有良好的防锈性能和抗砂石冲击的涂层，才能起到保护车身下部和底盘的作用[28]。

（2）冬季除冰盐

我国北方城市冬季会在道路上喷洒防冻盐，降低冰点，以利于冰雪融化。然而，已有研究[29,30]发现，由于除冰盐含有离子成分，如 Cl^- 等，其会对现有的钢筋混凝土建筑、城市排水、行驶车辆等造成严重的腐蚀。而加强整车的防腐蚀性能是应对此类问题最根本的措施[31]。

1.1.5 结构环境

汽车在行驶的过程中，大气环境中的湿度、温度、光照、酸碱度、砂石冲击等因素对于汽车不同部位的金属零件的影响不一样，因此不同部位零件的腐蚀情况也有所不同，考虑腐蚀因素时应选择其主要的影响因素。

（1）发动机部位

汽车在行驶过程中，由于路面的积水、泥浆通过轮系甩到各个部位，造成发动机舱部件的严重腐蚀，且泥浆等杂质长时间附着在零部件上，若再有 Cl^- 的附着，易使镀锌板表面产生复杂的局部腐蚀。另外，发动机处温度较高，雨雪和大雾等气候条件下水蒸气也相对较多，湿度较大，水蒸气在材料表面形成水膜。温度极易影响水膜的形成，同时也影响腐蚀气体和污染物的溶解度，进而影响了发动机部件在搭接不良处和腐蚀电池中阴极和阳极的氧化还原反应，直接或间接地影响腐蚀速率。通常情况下发动机不受砂石冲击和光照的影响，但其密封性不强，容易受潮湿环境的影响，因而考虑的主要是湿热和盐雾腐蚀的影响。

(2) 底盘部位

底盘主要受到砂石的冲击、湿热和盐雾腐蚀的影响。盐水浸泡的干湿交替影响明显，加上大量泥浆附着，污垢容易藏于底盘处，腐蚀现象更加明显。由于底盘最接近路面，经常有泥浆附着，泥浆附着在金属表面构成了不同于大气腐蚀、水介质腐蚀和土壤腐蚀的特殊体系，其腐蚀的过程是大气腐蚀、水介质腐蚀和土壤腐蚀的三种体系的综合腐蚀。在此腐蚀的过程中，离子的迁移相对比较困难，氧气的含量低，但是砂石的冲击和汽车的振动容易使锈层等腐蚀产物脱落，暴露出新的基体，如此循环，加速底盘损坏，并且不易补救。

(3) 车身部位

汽车车身相对离地面较远，车身面板腐蚀多表现为斑状腐蚀，一开始涂层鼓泡脱落，随后破裂生锈。若车身钢板搭接不良，使泥沙、盐水和灰尘等在搭接不良处堆积，则易产生缝隙腐蚀。车身金属主要受到湿热和盐雾腐蚀的影响，在雨天以及涉水路面时，汽车车身会发生盐雾腐蚀。同时汽车车身受到的太阳光照强度大，虽光照对金属的影响不大，但车身表面油漆会受光照的影响，因此需考虑光照的影响。另外，由于汽车折叠焊接处涂层不完整、密封不严，使水、气极易进入，故常发生自内向外的穿透腐蚀。

当环境介质中的 NaCl、SO_2、NO_2 和 CO_2 同时存在时，对汽车车身镀锌板的腐蚀最严重，因为这些气体与水混合后形成酸性溶液，具有一定的氧化性，从而发生腐蚀。而光照是油漆等高分子的主要危害因素，当油漆涂层较薄或光照较强时，将导致表面漆膜起泡脱落，涂层一旦脱落，将进一步导致车身基体的腐蚀。

宁丽君等[32] 研究表明，镀锌板发生钝化时钝化层在 NaCl 溶液中的腐蚀分为三个阶段：钝化膜的溶解、镀锌层的阴极保护和钢基体的腐蚀。初期主要受 Cl^- 浓度影响，且浓度越高腐蚀越严重；但是到了中期，随着 Cl^- 浓度增加镀锌层耐蚀性能先减小后增大，在 5%NaCl 溶液中耐腐蚀性最差。由以上可知，防止汽车车身腐蚀的有效方式应是尽可能避免汽车车身金属基体与 Cl^- 等易引起腐蚀的离子接触。

(4) 车身的内外饰

汽车内外饰包含众多零部件，材料本身结构会存在各种缺陷，在不同的自然环境下，会不可避免地发生老化[33]。

汽车外饰主要包括车门拉手、车身侧裙护板、保险杠、后视镜、扰流板、进气格栅、防擦条和轮罩护板等；内饰主要包括仪表盘、门内护板、立柱护板、顶棚、座椅面料、地毯、安全带、安全气囊、转向盘和车内灯等[34]。内饰部件所用材料主要是塑料、皮革和织物等，有些表面还会经过喷漆、电镀等表面处理；外饰部件所用材料主要是PP、ABS、PA6和PA66等，外饰材料大多经过喷漆处理。

引起内外饰材料腐蚀老化的主要因素包括光、热、湿度和各种气体。内外饰材料以高分子材料居多，受光照（主要是紫外线）和温度影响非常大。汽车内外饰发生腐蚀或者老化时一般都伴随着外观的变化，例如变色、起泡、粉化、龟裂、变形长霉和起斑等现象，还会产生具有特殊气味的物质，例如在炎热的夏天，刚打开在太阳下放置一段时间的车门会有一股刺激性气味。当然，还有各种理化性质的改变（密度、导热和导电性、玻璃化温度、熔点、透光率、分子量等）。

1.2 汽车腐蚀类型

不管是小型轿车还是大型重卡汽车，在自然大气环境下进行长时间的服役过程中，车身某些典型部位均会轻易发生腐蚀。如车身、车顶、底盘、发动机等部位，这些部位因为裸露在外，没有很好的保护装置，特别是车身部位，当表面涂层出现划伤时，底层金属基体就会暴露在空气中与腐蚀介质发生反应，从而不断地破坏划痕部位的防护涂层，使防护涂层和底漆等保护性涂层失去保护和美观等作用。由于不同部位局部微环境及其用材的不同，它们发生的腐蚀形态差异较大，根据研究发现，汽车典型部位的腐蚀类型主要包括斑状腐蚀、缝隙腐蚀（穿透腐蚀、丝状腐蚀、沉积腐蚀）、点蚀、晶间腐蚀、应力腐蚀和电偶腐蚀等几个方面[35]。

1.2.1 均匀腐蚀

均匀腐蚀是镀锌板的一般腐蚀，镀锌板在储存过程中，通常与大气接触的部分容易腐蚀，生成白锈，白锈的生成主要取决于空气中的水蒸气、氧等。如果长期处于湿润的环境中，镀锌板表面可以在其表面形成薄液膜，由于白锈疏松的本质，会逐渐形成蓬松的腐蚀产物，扩大白锈的面积，在孔纲等人的研究

中白锈的组成有 ZnO、$ZnCl_2 \cdot 4Zn(OH)_2$、$2ZnCO_3 \cdot 3Zn(OH)_2$[36]。

1.2.2 点蚀

点蚀主要发生在金属表面集中一点的局部部位并深入金属内部，该腐蚀类型的产生与材料相关性较大，普遍发生在产生钝化膜的不锈钢、锌合金、铝及铝合金等材料初期腐蚀表面，其他材料仅局部部位出现点蚀，同时在撒有防冻盐的城市或沿海地区极易发生点蚀。汽车车体中容易产生点蚀的典型部位为不锈钢及铝合金等材料制成的尾气排气管、变速箱壳体等，这些部位受路面砂石撞击和防冻盐溶解的盐水飞溅等外部因素影响均会产生严重的点蚀；其中汽车排气管部位除上述因素外，较高的工作温度和汽车产生的尾气（含 Cl^-、CO_3^{2-}、SO_4^{2-} 和 NH_4^+ 等多种强腐蚀性介质和冷凝液）均会使之产生严重的点蚀，同时加快其腐蚀速度。

1.2.3 斑状腐蚀

斑状腐蚀主要发生在车身面板等部位，由于车身面板有防护涂层的存在，腐蚀介质通过表面划伤部位进入涂层内部，导致划痕部位发生斑状腐蚀，到腐蚀后期涂层出现鼓泡、脱落并破裂等现象，金属材料大面积暴露在空气当中与腐蚀介质接触发生腐蚀生锈情况。

1.2.4 缝隙腐蚀

缝隙腐蚀在汽车各种腐蚀类型当中是发生最普遍、影响最严重的腐蚀形态之一，因此成为汽车因腐蚀而导致损坏的重要因素之一，它主要包括穿透腐蚀、丝状腐蚀、沉积腐蚀三种较为常见的腐蚀。车身底部和底盘等部位在汽车运行阶段，容易受到路面飞溅起来的泥沙、碎石等杂质的撞击而逐步破坏表面防护涂层，从而引发穿透腐蚀等；车身表面涂层出现划痕时，在划痕周边易出现丝状腐蚀，它是防护涂层逐步失效的主要原因之一；沉积腐蚀则是发生在沉积物之下或者周围的一种腐蚀现象，在沉积物下部部位，因吸附作用而积累的水介质在该部位流动不畅，形成闭塞电池效应，从而产生电化学腐蚀现象，该腐蚀形态在汽车底盘及车身底边部位表现较为突出。同时还有如下其他部位容易产生缝隙腐蚀：

副车架和车轮护罩板等部位，这些位置极易受到砂石冲击和盐水侵蚀等影响，如果防护措施不当，轻者产生点蚀，重者造成全面腐蚀；若车身钢板搭接不良，使泥沙、盐水和灰尘等在此堆积，则易产生缝隙腐蚀。

紧固件和弹簧等部位，由于工作环境和表面处理方式等因素的影响、减震弹簧和板簧等在工作过程中受到剪切应力，容易产生应力腐蚀。

缝隙腐蚀是镀锌板腐蚀中最常见的一种情况，缝隙腐蚀的发生往往在镀锌板的某个缺陷处开始产生。在缺陷处容易形成不同的离子和污染源，一旦发生缝隙腐蚀，其腐蚀速度较快。汽车采用的热镀锌钢板发生缝隙腐蚀的过程为：锌层溶解，白色氧化锌的生成，腐蚀产物的凸起至锌层破裂，基体暴露，基体腐蚀等。

1.2.5 电偶腐蚀

电偶腐蚀是金属材料局部腐蚀中的一种，也称双金属腐蚀或接触腐蚀，主要原因是当两个金属材料相近或接触时，由于它们之间的电位不同而产生电位差，从而在局部形成原电池效应[37]。当两种金属的电位差越大时，电偶腐蚀的程度也就越大，这种现象主要发生在不同材料的焊接处，如锌和铝的焊接、车身不锈钢装饰用材与车体普通碳钢之间的接触，两者之间存在电位差，均会加速它们之间的电偶腐蚀。另外，利用电偶腐蚀的机理，也可以起到保护特定材料的目的，镀锌板的组成中锌与铁占有很大的比例，在发生电偶腐蚀时，锌的电动序比铁的低，这样就能有效保护基体，达到所需的作用。

1.2.6 晶间腐蚀

晶间腐蚀是沿着金属晶粒间的分界面向内部扩展的腐蚀[38]。晶间腐蚀破坏晶粒间的结合，大大降低金属的机械强度，导致构件过早失效。而且腐蚀发生后金属和合金的表面仍保持一定的金属光泽，看不出被破坏的迹象，但晶粒间结合力显著减弱，力学性能恶化，不能经受敲击，所以是一种很危险的腐蚀。晶间腐蚀通常出现于黄铜、硬铝合金和一些不锈钢、镍基合金中。

汽车制造所用的不锈钢和铝合金等材料在发生晶间腐蚀时，晶粒之间的边界会首先发生晶界析出等现象。晶界析出主要为贫铬理论，即在高温时，C元素在晶界中的扩散速度快于Cr元素并形成$Cr_{23}C_6$等析出相，此时晶界处发生严重的贫铬现象，从而致使该部位无法形成有效的保护性钝化膜，导致基体发生腐蚀。该现象主要出现在排气管、铝合金制品等零部件处。晶间腐蚀在空调系统中的冷凝器、蒸发器以及发动机系统中的散热器和油冷却器等中发生频率较高。这些热交换器通常采用铝合金材料制作，在热交换器内，不含水的纯氟利昂对铝质热交换器不产生腐蚀，但是如若维护不当吸潮后，氟利昂即与水发生反应，生成的酸则可腐蚀铝，使其产生点蚀或晶间腐蚀。

1.2.7 应力腐蚀

应力腐蚀是指在拉应力和腐蚀介质共同作用下发生的低应力脆断,这种腐蚀一般均穿过晶粒。应力腐蚀导致的材料断裂称为应力腐蚀断裂。如汽车用不锈钢和道路防冻盐中 Cl^- 环境就是发生应力腐蚀开裂的一种典型组合;同时当材料表面张应力达到一定临界值时,表面会产生腐蚀破裂,从而产生应力腐蚀现象[9]。这种现象主要发生在减震弹簧和零部件的焊接处,它们在汽车运行时,表面承受的应力均大于其他部位零部件。

1.2.8 腐蚀疲劳

腐蚀疲劳是在交变载荷和腐蚀性介质交互作用下形成裂纹及扩展的现象。由于腐蚀介质的作用而引起抗疲劳性能的降低,在交变载荷作用下首先在表面发生疲劳损伤,在连续的腐蚀环境作用下最终发生断裂。对应力腐蚀敏感或不敏感的材料都可能发生腐蚀疲劳,因此没有一种金属或合金能完全抵抗腐蚀疲劳。腐蚀疲劳裂纹通常为穿晶型的。与应力腐蚀有一个不同点是腐蚀疲劳裂纹的应力强度因子即使小于单纯应力腐蚀的临界应力强度因子值(K_{ISCC}),裂纹也会随着时间而扩展。腐蚀疲劳的最后断裂阶段是纯机械性的,与介质无关[39]。

1.2.9 其他腐蚀

汽车中的腐蚀还有穿透腐蚀、丝状腐蚀、沉积腐蚀和微动腐蚀等类型,穿透腐蚀、丝状腐蚀和沉积腐蚀都属于缝隙腐蚀。其中穿透腐蚀经常发生在金属结构连接处和金属与非金属连接处。丝状腐蚀的腐蚀形貌为丝状的腐蚀痕迹,是一条很细小的沟,经常发生于车身面板和裙带处。沉积腐蚀是跟腐蚀产物相联系的、发生在沉积物之下或紧挨着沉积物的腐蚀,是由积累的沉积物内或沉积物下面的水引起的[35]。微动腐蚀是摩擦腐蚀的一种特殊形态,是在加有载荷的两个零件相接触的表面间由于小幅度振动和滑动所发生的腐蚀,常出现在汽车后备厢和发动机盖边缘以及汽车轴承与轴之间。

1.3 汽车腐蚀试验方法

汽车腐蚀试验是汽车及其材料或零部件的主要试验种类之一,国外目前采用的腐蚀试验方法大致有如下几种:

① 户外暴露试验，如在热带湿热气候、西部高原气候、工业大气和海洋气候等大气条件下对车身等部位进行户外暴露试验；

② 盐雾试验，如按照 ISO、IEC、ASTM、JIS 和 DIN 等相关标准进行盐雾试验，模拟相应的大气环境进行加速腐蚀试验，主要按湿热→盐雾→干燥周期进行交替循环试验[40]等；

③ 室内模拟加速试验，如在试验室内对汽车钢板和整车进行的腐蚀试验；

④ 复合试验，如进行施加 NaCl、SO_2 或附加应力的相关加速暴露试验等。

1.3.1 自然环境暴露试验

自然环境下研究大气腐蚀的常用试验方法之一是暴露试验。户外试验是为了获得自然大气环境下的腐蚀数据和特征，研究在不同大气环境下材料的主要影响因素和腐蚀规律，合理选择该大气环境下材料的腐蚀防护措施，为制订室内加速试验方法提供对比数据，判定加速试验方法的可行性[41]。室内暴露试验方法是材料在户内自然环境长期暴露，测定相关腐蚀数据并观察材料腐蚀特征，该种试验是用来评价金属材料、非金属材料、覆盖层和防锈包装等在户内储存条件下的相关材料的耐蚀性能，并确定保护性覆盖层和防锈包装的有效防护期限[42]。自然环境暴露试验的优点包括反映现场真实情况，所得的数据直观、可靠，可以获得户外自然大气环境下金属材料的腐蚀特征及规律，可以评估和预测试验环境下金属材料的使用寿命，为合理选材、有效设计和产品防护标准提供依据[43]。但大气腐蚀暴露试验的试验周期长、试验区域性强，而且试验结果是多种环境因素共同作用的反映，不利于试验结果的推广和应用。

我国典型的大气暴露试验站有12处，其中广州大气腐蚀试验站自1983年起是国家科学技术部、国家自然科学基金委员会领导的全国环境腐蚀网站之亚湿热气候定点暴露试验场，一直承担国家自然科学基金委重点项目"常用材料大气、海水、土壤腐蚀试验研究"的亚湿热大气腐蚀数据的积累工作。试验站位于广州市花都区，北纬 23°23′，东经 113°13′，海拔高度 6.3m，年平均温度 23.5℃，年平均湿度 78%，年降雨量 1945.5mm，年日照数 1394.6h，45°年辐射总量 $4590.0MJ/m^2$。试验场总面积 $6000m^2$，试验区面积 $5000m^2$。持续开展户外暴露试验、户内暴露试验、棚下暴露试验，多年来开展各种常用材料、产品及零部件的大气暴露试验研究工作，积累了大量的数据资料，为各种材料及产品零部件在湿热带地区的应用、设计、选材及制订标准提供了可靠的科学依据，并建立了一系列科学有效地评价材料腐蚀与失效的试验流程。

海南琼海大气试验站暴露场地处海南琼海市，位于海南省东部，距闻名的万泉河 1km，东经 110°28′41″，北纬 19°14′35″，海拔高度 10m，离海边十余千米，平均温度 27.4℃、平均湿度 87%、平均降雨量 2134mm，年日照数 2078.9h、年辐射总量 5190.49MJ/m^2，属于典型热带湿润乡村气候。海南琼海湿热自然环境试验站是我国内陆试验面积最大、试验能力最强、试验项目最强的自然环境试验站，是全球典型自然环境试验网络成员和国家材料环境腐蚀试验站网示范站。多年来该站点开展各种常用材料、产品及零部件的大气暴露试验研究工作，积累了大量的数据资料，为各种材料及产品零部件在湿热带地区的应用、设计、选材及制订标准提供了可靠的科学依据。

吐鲁番大气试验站（新疆吐鲁番自然环境试验研究中心）位于吐鲁番市 312 国道神泉北侧，北纬 42°56′、东经 89°12′，海拔 61.5m，距离吐鲁番市约 15km 处，始建于 2005 年，占地面积 133hm^2，是目前国内占地面积和规格最大的干热环境老化试验基地。属于典型的大陆性干热带荒漠气候，日照充足、热量丰富但又极端干燥，降雨稀少。平均温度 17.4℃，相对湿度 27.9%，年辐射总量 5513MJ/m^2，年总日照数为 3200h。高于 35℃ 的炎热日在 100 天以上，6～8 月最高气温基本上都在 40℃ 以上，极端最高气温为 49.6℃，地表温度多在 70℃ 以上，全年有效积温 5300℃ 以上，无霜期长达 210 天。由于气候炎热干燥，年平均降雨量为 16.4mm，蒸发量高达 3000mm 以上，是各种涂镀层、材料、汽车整车及零部件最理想的干热环境大气暴露试验场所。

1.3.2 室内加速腐蚀试验

室内加速试验仍然是研究大气腐蚀强有力的试验手段，主要采用的室内加速试验方法有：湿热试验法、盐雾试验、周期喷雾复合腐蚀试验、干湿周浸循环试验、多因子循环复合腐蚀试验、人工加速老化试验等[44]。目前，模拟大气腐蚀的加速试验研究得到广泛发展，加速试验已从获得单一或几个环境因素向多因子复合加速腐蚀的方向发展[45]。但是室内加速试验不可以完全重现试验结果，不能准确地模拟自然大气环境下材料的腐蚀情况。

1.3.2.1 盐雾试验

盐雾试验是对汽车金属部件的腐蚀性能进行测试和评价的主要方法之一，主要包括中性盐雾试验（NSS）、铜加速乙酸盐雾试验（CASS）、醋酸盐雾试验（AASS）等，其中中性盐雾试验应用范围最广，是汽车行业对汽车材料的防腐工艺设计和验证的方法。

中性盐雾试验方法历史悠久，首创于 1914 年，并于 1939 年制定出第一个标准，即美国材料实验学会标准 ASTM B117-39J，这个传统的试验方法标准规定在35℃下将试样持续暴露于5％NaCl盐雾中进行试验。经过多年的应用和发展，ASTM B117对存在问题进行了改进和调整，已被普遍认定为标准的盐雾腐蚀实验方法[46]。ASTM B117最初是用于检验涂层在海洋环境使用的腐蚀性能，后来逐步扩展为检验汽车产品、航空和军事零部件、电子元器件以及所有形式的装饰品等。目前中性盐雾试验主要应用于金属及其合金、金属覆盖层、有机覆盖层、阳极氧化膜和转化膜等材料或产品的性能测试[47]。

由于中性盐雾试验腐蚀实验条件较温和，腐蚀速度较慢，存在着试验结果的可靠性和重现性不稳定等问题。研究人员随后开发出腐蚀速度较快的铜加速醋酸盐雾及醋酸盐雾试验方法，例如1961年制定的ASTM B368及1985年制定的ASTM G85等标准方法，这两种盐雾试验方法主要应用于铜+镍+铬或镍+铬装饰性镀层，也适用于铝的阳极氧化膜[48]。铜加速乙酸盐雾试验的喷雾液要求：将氯化铜（$CuCl_2 \cdot 2H_2O$）加入中性盐雾液中，其浓度为0.26g/L，pH值为3.0~3.1。其腐蚀程度是中性盐雾试验的8倍。在中性盐雾试验的基础上逐渐发展起来的醋酸盐雾试验，其喷雾液要求：将冰乙酸加入中性盐雾液中，使溶液pH值降到3.0~3.1左右。腐蚀程度约为中性盐雾的3倍[49]。

盐雾试验的最初目的是鉴定各种电镀层的质量和保护性能，现在这种试验已经发展到金属材料、有机涂层、防锈油脂，甚至元件和完全装配好的设备装置，实际应用非常广泛[50]。

通过中性盐雾试验加恒定湿热的条件、潮湿环境的渗透、温度的控制，使盐雾腐蚀不但在表面发生，同样也发生在产品内部，这样，可模拟海洋大气环境，对汽车材料的耐蚀性能检测有较好的效果[51]。肖葵等[52]在研究大气环境中NaCl沉积颗粒对Q235碳钢的腐蚀影响时，发现存在NaCl沉积颗粒比不存在NaCl沉积颗粒的金属腐蚀速率要快；曾振欧等[53]采用中性盐雾实验、Tafel曲线研究了用三价铬溶液钝化处理的酸性氯化钾镀锌层、碱性锌酸盐镀锌层和碱性氰化物镀锌层形成的钝化膜的耐腐蚀能力和电化学行为，实验表明，盐雾试验可以加速模拟环境的腐蚀。

盐雾试验后对材料的破坏程度进行划分等级，可以分为非常轻度、轻度、中度、重度四个等级，将盐雾试验的结果和汽车零部件的实际腐蚀情况对比分析，制定零件盐雾腐蚀评价等级。

1.3.2.2 循环盐雾腐蚀试验

(1) 循环盐雾试验发展背景

20世纪70年代，Timmins[54,55]在实验室内进行ASTM B117中性盐雾试验时采用的许多涂层配方均失效，但在自然暴露试验中的性能却表现很好；

与此相反，许多在实验室中试验性能较好的涂层配方在自然暴露试验中却迅速失效。据此，Timmins 进一步研究了 Harrison 和 Tickle 的早期研究工作，研究制定出 Prohesion 湿热/干燥循环实验方法：采用 0.5% NaCl 和 0.35% $(NH_4)_2SO_4$ 组成的稀溶液在 25℃下喷雾 1h，接着在 35℃下干燥 1h 的循环程序，在干燥过程中，空气分别以四个方向吹入箱内并形成干燥气流来清除箱内所有可见的水迹。Prohesion 试验采用简单的湿干循环来模拟材料的实际应用环境，该试验方法在英国初始是为工业防护涂料应用而开发的，目前广泛用于检验重工业涂层、海洋涂层及各种防护涂层的耐腐蚀性能。

从 20 世纪 80 年代开始，Stephens 和 Blankhurst[56,57] 研究适用于汽车工业的更复杂的接近真实情况的盐雾试验，主要是在盐雾和干态的同时结合浸渍、湿气、冷凝等过程，使试验程序更细化，尽可能模拟产品实际的应用环境，目的是要取得相关性的结果。现在几乎每个汽车公司都研究出适合自己产品的多功能循环腐蚀试验方法。现阶段主要的循环腐蚀试验有大众汽车标准 PV1210、通用汽车标准 GMW14872 及日产工程标准 M0158，其中日本汽车厂开发的日产工程标准 M0158 的三种方法，被认为是最符合实际车辆腐蚀结果的方法之一。

(2) 循环盐雾试验原理

腐蚀一般分为化学腐蚀和电化学腐蚀。化学腐蚀指的是金属或合金直接与氧气、氯气、硫等其他氧化性较强的气体等氧化剂接触发生反应，从而发生腐蚀。电化学腐蚀主要是金属与电解质分别作为电池的正负极，组成一个放电反应，使金属材料的自身性能破坏，造成不可逆转的伤害；电化学腐蚀分为两种，一种为析氢腐蚀，一种为吸氧腐蚀[58]。

循环盐雾试验过程中温度和湿度不断发生变化，而且在水介入时发生电化学腐蚀，当没有水的介入时属于化学腐蚀。在试验过程中，在材料表面上盐雾微粒沉降附着之后，便快速吸潮溶解成为氯化物的水溶液，在一定的温度和湿度条件下，这种含有氯化物的水溶液或离解后的氯离子，通过漆膜、镀层或其他材料的小微孔逐渐渗入材料体系内部，从而引起金属材料的腐蚀。试验一般分为多个循环过程，模拟实际大气环境中的湿热、干热等极端气候的情况，尤其是在水分蒸发过程和盐沉积的试验阶段，干燥样品的表面盐溶液浓度相对较高，从而导致覆盖层表面的腐蚀速率增加。除此之外，样品从潮湿转变到干的过程中由于金属表面与氧气接触充分，导致直接加速了腐蚀反应[59]。

(3) 循环盐雾试验标准

目前常用的循环盐雾试验标准有 GB/T 24195—2009（等同采用 ISO 16151）、大众汽车标准 PV1210、通用汽车标准 GMW14872、克莱斯勒汽车标准 SAE J2334、上汽荣威 SMC 30054（等同采用 RES 30.CT.119）、日产工程标准 M0158。

我国国家标准 GB/T 24195—2009《金属和合金的腐蚀酸性盐雾、"干燥"和"湿润"条件下的循环加速腐蚀试验》（等同采用 ISO 16151），标准中规定了 2 种方法。其中方法 A 适用于金属及其合金、金属涂层（阴极涂层）、阳极氧化涂层、金属材料上的有机涂层等。方法 A 在试验中要求样件摆放角度与垂直方向成 20°±5°，盐雾收集面积为 80cm^2，连续喷雾 24h 后盐雾沉降率应该在（1.5±0.5）mL/h 范围内；试验周期根据零件的腐蚀程度而定，一般在 3～180 个周期内选取。方法 A 的循环过程如图 1.1 所示，腐蚀过程分为酸性盐雾腐蚀、干燥保持和潮湿保持 3 个阶段，腐蚀溶液采用 5% 的酸性氯化钠溶液，pH 控制在 3.5±0.1。方法 B 主要适用于钢板上的阳极涂层、钢板上带有转化膜的阳极涂层等。方法 B 的样件摆放角度及盐雾沉降率与方法 A 的要求相同，试验周期也根据零件的腐蚀程度而定，一般在 12～192 个周期内选取。方法 B 的循环过程如图 1.1 所示，腐蚀过程同样分为酸性盐雾腐蚀、干燥保持、潮湿保持 3 个阶段，腐蚀溶液为混合酸化盐溶液，含有 NaCl、MgCl$_2$、Na$_2$SO$_4$、CaCl$_2$、KCl、NaHCO$_3$、KBr、H$_3$BO$_3$、SrCl$_2$ 和 NaF，pH 控制在 2.5±0.1。GB/T 24195—2009 规定，试验完成后自然干燥 1h，用清水洗净样件后进行评判。试验后外观不能有明显变化，腐蚀缺陷的数量和分布符合 GB/T 6461—2002《金属基体上金属和其他无机覆盖层经腐蚀试验后的试样和

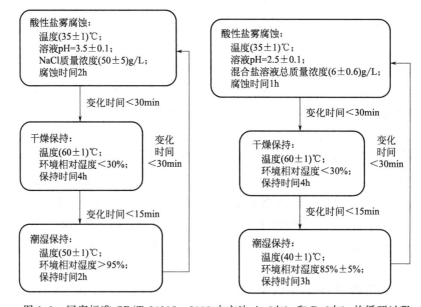

图 1.1 国家标准 GB/T 24195—2009 中方法 A（左）和 B（右）的循环过程

试件的评级》（等同采用 ISO 10289）的规定，力学性能和电化学性能不能有变化。

大众汽车标准 PV1210《车身及附件腐蚀试验》。德国大众汽车公司的车身与附件循环盐雾腐蚀标准是应用最为广泛的循环腐蚀试验标准。这个标准适用于有涂层的车身、车身薄板、结构组件等试验样品的腐蚀检测。试验分为喷洒盐雾、标准气候保存、湿热存放 3 个阶段，如图 1.2 所示。喷洒盐雾按照 DIN 50021 标准中的 NSS 法，NaCl 质量浓度为（50±5）g/L，喷洒时间 4h；标准气候保存按照 DIN 50014 标准中的 23/50-2 条件，保持 4h；湿热存放按照 DIN 50017 标准中的恒态（KK）条件，温度（40±3）℃、湿度 100% 下存放 16h，5 个循环以后在标准气候保存 2d 再继续进行。试验可以进行 15、30、60 或 90 个循环，然后评判样件的腐蚀，包括腐蚀种类（覆层或基材腐蚀）、腐蚀形式（平面腐蚀或边缘腐蚀）以及腐蚀的进展情况（附着力下降情况、是否有气泡产生）。

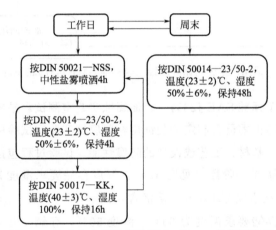

图 1.2 大众汽车循环腐蚀标准 PV1210 的循环过程

通用汽车标准 GMW14872《循环腐蚀实验室测试》是美国通用汽车公司的循环腐蚀实验室试验标准，适用于汽车金属零部件，试验过程包括盐水喷雾、常温存储、湿度存储、干燥存储等多个阶段，如图 1.3 所示。在盐水喷雾阶段，溶液组成为 NaCl 0.9%、$CaCl_2$ 0.1%、$NaHCO_3$ 0.075%；在常温存储阶段，温度（25±3）℃，湿度 45%±10%，持续 8h；在湿度存储阶段，温度（49±2）℃，湿度 100%，持续 8h；在干燥存储阶段，温度（60±2）℃，湿度≤30%，持续 8h。对于外饰零部件，每个循环喷盐雾 4 次，28 个循环无表面腐蚀，52 个循环无基材腐蚀；对于内饰零部件，5 个循环喷一次盐雾，根据位置不同，最高要求 22 个循环表面无腐蚀，40 个循环无基材腐蚀；对于发动机舱零部件，最高要求每个循环喷盐雾4次，9个循环无表面腐蚀，51个循环无基材腐蚀；对于车底零部件，每个循环喷盐雾4次，最高要求6个循环无表面腐蚀，68个循环无基材腐蚀。

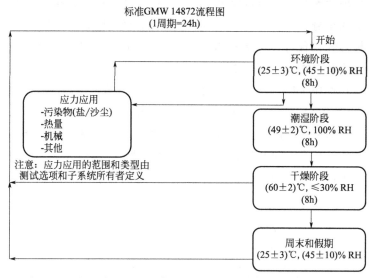

图1.3 通用汽车公司循环腐蚀试验标准GMW14872的试验方法

克莱斯勒汽车标准SAE J2334《表面腐蚀实验室测试》是国际汽车工程师学会汽车腐蚀与防护委员会制定的装饰用材料腐蚀实验室试验标准，适用于评价特定涂装体系、基材、工艺或设计的防腐性能。试验过程包括湿度存储、盐水喷雾和高温存储3个阶段（见图1.4）：湿度存储要求湿度为100%、温度50℃，保持6h；盐水喷雾15min，溶液含0.5%NaCl、0.1%CaCl$_2$和0.075%NaHCO$_3$；高温存储要求温度为60℃、湿度50%，存储17h 45min。对于腐蚀严重的外观件和开闭件，如雨刮刮杆及B柱、C柱外饰板等，要求60个循

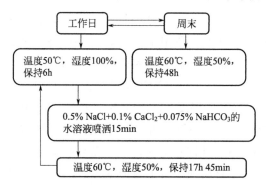

图1.4 克莱斯勒汽车循环腐蚀标准SAE J2334的循环过程

第1章 汽车金属材料腐蚀概述

环以后无腐蚀，120个循环以后无功能损失；对于驾驶舱及内部可以看到的零部件，如内开拉手、座椅头枕支撑架等，要求30个循环无腐蚀，120个循环无功能损失。

日产工程标准 M0158《复合腐蚀试验方法》：日产汽车的循环盐雾试验针对零部件不同的腐蚀程度提供了3种不同的循环方法，如图1.5所示。第一种方法适用于一般腐蚀的零部件，如车身部件、紧固件等，整个循环分为中性盐雾腐蚀、干燥保持、潮湿保持3个阶段，总时间为8h。第二种方法适用于外板等腐蚀较严重的部件，在第一种试验循环的基础上增加了潮湿保持和干燥保持的循环次数。第三种方法适用于内部腐蚀严重的部件，将中性盐雾改为盐水浸泡，试验条件比前两种方法更加严格。

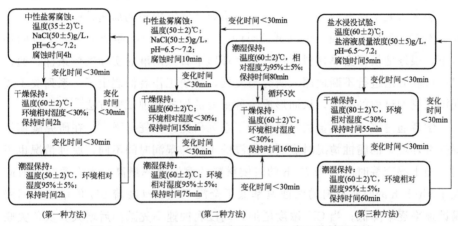

图1.5　日产工程循环腐蚀标准 M0158 中三种循环方法

循环盐雾各标准虽然试验阶段都包括了盐雾阶段、干燥阶段和潮湿阶段，但是各个阶段的试验方法、循环时间和溶液等参数等都有所改变。例如大众汽车标准 PV1210 没有根据汽车各部位零件实际使用情况不同而制定不同试验过程，而是修改了不同的循环时间。通用汽车标准 GMW14872 的盐雾阶段的喷洒时间为8h，为上述所有标准中喷洒时间最长。克莱斯勒汽车标准 SAE J2334 是所有上述标准中高温高湿持续时间最长的，达到了17h 45min，对模拟恶劣环境下材料的耐蚀性要求最为严格。日产工程标准 M0158 则是将循环条件划分为3个阶段，对于汽车不同的腐蚀部位针对性制定不同的循环阶段，以至于可以更真实地模拟材料在大气环境条件下的腐蚀情况。上汽荣威的 SMC 30054 标准要求试验过程中干湿阶段保持时间相对较长，而在高温保持阶段温度不断发生变化。国家标准 GB/T 24195—2009 将循环盐雾试验分为两种，对于不同的腐蚀情况进行不同的试验参数设置，针对性和可操作性强，也是上述循环腐蚀标准中唯一采用酸性盐雾条件的标准。

在循环盐雾试验过程中进行温度和湿度的变化，从而模拟用户在户外大气环境下的使用状况，相比较中性盐雾试验更能够体现出汽车零部件的耐腐蚀性能，而且提高试验的加速性。通过循环盐雾腐蚀试验，在汽车金属零部件的开发前期采取有效的防腐措施，对延长汽车零部件的实际使用寿命有重要的意义[60]。

1.3.2.3　周浸试验

周浸试验可在干湿交替的情况下进行加速试验，可有效模拟雨天、下雪天、泥浆、雨水等间断性附着在汽车表面的腐蚀环境。1980年，日本研究出一种周期浸润复合循环试验机，该试验方法有良好的重复性和再现性。使用这种方法来研究金属材料的大气腐蚀，该研究表明室内短期加速试验可以模拟户外自然大气环境下腐蚀一年或更长时间[61]。该方法使试样处于干湿交替的环境下，很好地模拟金属材料在户外大气环境下日照雨淋的实际气候条件。通过对该试验方法进行不断地深入研究与发展，科研工作者们制定了一系列关于周期浸润腐蚀试验的标准，从而形成一种重要的加速腐蚀试验方法[62]。

学者通过该方法对金属材料进行了系列研究。如任呈强[63]在研究碳钢干湿交替环境下的腐蚀情况时表明，周浸的干燥与湿润时间不同，腐蚀情况也不同。当干湿交替时间为9h/15h的时候材料的腐蚀速率最高；当干湿交替时间大于9h/15h的时候材料的腐蚀速率低于全浸工况，且随着pH值增加，间浸腐蚀速率逐渐降低；当Cl^-浓度增加，间浸腐蚀速率先减小后增大。灰色关联度分析结果表明，影响碳钢腐蚀速率的主要因素排序是干湿交替时间＞pH值＞Cl^-浓度。李玉楠、王佳等[64]研究了分别在干湿循环和浸泡条件下涂层的劣化过程，研究表明干湿循环明显加快了腐蚀反应的发生，但减慢了涂层渗水、腐蚀发展和涂层失效劣化的过程。Gamal等[65]采用干湿周浸的试验方法模拟了酸雨溶液中纯铝的腐蚀行为，检测出纯铝的腐蚀速率，发现干湿交替的方法研究金属的腐蚀与单纯的浸泡试验有较大的区别。Jouen[66]研究了干湿交替试验对镍腐蚀行为的影响，研究表明在相对干燥的环境下生成能溶解的腐蚀产物，当腐蚀产物处于潮湿的环境下时易溶解，交替进行，腐蚀产物的不断形成和再溶解加速了材料的腐蚀过程。郭娟、侯文涛等[67]研究发现海洋干湿交替环境下的干湿比、间浸频率、盐分浓缩、腐蚀产物等因素都对电偶腐蚀有较大影响。

由上可知，利用周浸试验模拟汽车干湿交替的过程是十分有意义的，汽车在涉水路段、雨天、雪天用周浸实验模拟，可有效地分析汽车腐蚀的规律。

1.3.2.4 高低温湿热试验

由于世界各国气候差异较大,汽车所处的环境不一样,而温度、湿度也是影响汽车腐蚀的一个关键因素。高低温湿热试验可模拟汽车不同温度不同湿度下的腐蚀。Sakae Fujita 和 Daisuke Mizuno[68]在研究不同温度不同湿度对汽车的腐蚀,对镀锌钢板在加速试验下的腐蚀情况和实际腐蚀情况对比,发现相同温度下,不同湿度对汽车的腐蚀有很大的影响。张红、杜翠薇[69]等使用汽车用镀锌板在湿热箱中进行加速腐蚀试验,并分析不同土壤配制的泥浆在不同时间对镀锌板电化学阻抗谱的影响。结果表明,镀锌板在不同泥浆中的腐蚀速度受含水量、土类土质、含盐量、pH 值等综合作用的影响。

1.3.2.5 砂尘试验

砂尘试验主要是分析汽车在行驶过程中,砂石冲击对汽车表面金属腐蚀的影响。当汽车发生腐蚀后,有些腐蚀产物可以有效阻碍基体的进一步腐蚀,然而由于砂石的撞击,腐蚀产物被冲掉,会加速新的腐蚀。尤其是在汽车底盘及车轮附近,如汽车挡泥板等易受砂石冲击处的金属部位,在冲击后腐蚀情况将更加严重。腐蚀与砂石冲击的反复循环,使基体形成严重的穿孔,砂尘试验可以结合盐雾试验和周浸试验,用于模拟汽车的实际腐蚀环境。但是,对于如何更好地使用砂尘试验模拟路况,目前国内外研究较少,有待于进一步的研究。

1.3.2.6 气体腐蚀试验

针对车身上的钢合金、无机覆盖层、油漆涂层等零件,通过气体腐蚀试验,可以对经常处于气体环境工作的汽车零件进行检测,分析其耐酸性气体等的腐蚀性能。例如汽车尾气处,SO_2、CO_2 等气体较多,遇水蒸气易结合为污染杂质,酸性气体如 SO_2、CO_2、NO、NO_2 等可以溶解在金属表面的水膜处,形成酸性溶液或盐类加速金属的腐蚀。同时,气体腐蚀试验对于模拟酸雨严重、情况复杂等气候地区有一定的实际意义。

王绍明等[70]在模拟锌在户外大气暴露腐蚀行为时发现,通过 SO_2 与盐雾复合循环加速腐蚀试验可在一定程度上较好地模拟锌的户外大气腐蚀行为,通过这种加速腐蚀试验可以针对锌在典型地区大气暴露腐蚀行为进行一定程度的预测,得到典型地区的户内外相关因子。严川伟[71]等对 NaCl 在含 SO_2 环境中对 Zn 大气腐蚀的影响做了一定的研究,发现 NaCl 的存在使得放置 10 天的 Zn 的腐蚀在开始阶段呈现一定的加速,而后起到抑制作用。

综上所述,采用整车道路腐蚀试验、盐雾试验、周浸试验、高低温湿热试验、砂尘试验、气体腐蚀试验等方法能有效模拟自然环境对汽车的腐蚀,如果将这些试验有机地结合起来,则可构成一整套的环境谱,建立比较准确的汽车腐蚀加速试验,通过分析其每一阶段的腐蚀产物、腐蚀速率和腐蚀机理,对于高效研发耐腐蚀的汽车材料,具有重要的意义。

1.3.3 整车腐蚀试验

整车腐蚀试验相对室内加速而言,由于其模拟考虑的因素更多,且更贴近于实际汽车服役的状况,例如在整车腐蚀过程中,载上一定质量的砂石,以模拟人坐在汽车上运行过程造成的压力,运行过程经过涉水路段、上坡路段等,温湿环境舱停放等不同工况环境,可模拟汽车运行时经历的不同环境,因而更具有模拟完整性,可准确地对汽车整车的腐蚀进行加速模拟[49]。张涛等[72]对汽车整车在典型环境下的大气暴露试验表明,汽车整车道路腐蚀试验能有效地模拟真实大气环境中的太阳辐射、沙尘暴、温度湿度、腐蚀介质变化等因素。

1.3.3.1 汽车整车强化腐蚀试验方法

各种环境因素的存在,如工业污染、太阳辐射、道路石击、海洋性空气和北方地区冬季道路防滑盐的使用等因素,都会加速对汽车的腐蚀。在汽车工业日益发展的今天,强化腐蚀试验在评价汽车的防腐性设计、材料选择、产品性能的预测、基础和环境的研究、新产品开发、质量控制中起着重要的作用,同时强化腐蚀试验能够有效评估汽车的耐久性和耐腐蚀能力[73]。

海南汽车实验研究所自1998年起开始进行汽车腐蚀试验的摸索,制订了《海南汽车实验场汽车道路强化腐蚀试验方法》。该方法于2005年7月已作为汽车行业标准QC/T 732—2005《乘用车强化腐蚀试验方法》进行发布,试验工况和技术条件如表1.4、表1.5所示。目前已得到国内包括丰田、一汽大众等很多合资企业在内的汽车厂商的认可[74]。同时,各个汽车公司都专门为整车腐蚀试验建造了高温高湿的实验室、盐雾喷射室、盐水槽以及砂石路等一系列的环境场,可进行碎石路行驶、盐水路行驶、盐雾喷射,用于模拟真实道路情况[75]。

表1.4 整车强化腐蚀试验几种试验工况

试验工况	试验目的
高温高湿环境	模拟南方湿热地区的使用环境
喷射环境	模拟沿海地区的使用环境,考察车身耐腐蚀性能
盐水搓板路及盐水路	模拟北方道路冬季含盐雪水环境,使盐水渗入底盘零部件和车架等的缝隙处,考察底盘的耐腐蚀性能

续表

试验工况	试验目的
可靠性路（碎石路）	考察发动机舱下部及底盘零部件的耐腐蚀性能，并对底盘的零件、车身焊点、接缝及密封处、油漆、PVC 喷涂等的抗石击能力及防护性能进行考察
高速路	模拟汽车在高速公路上的实际工况，并配合紧急制动，检验实验车在腐蚀实验过程中的制动性能是否受到影响
驻坡实验	主要是考核驻车制动系统在受到强化腐蚀后，其驻车制动性能是否有所衰减或失效

表 1.5　整车强化腐蚀试验技术条件

试验设施名称	技术条件
温湿度实验室	温度 50℃±2℃；湿度 95%±3%
盐水路	盐水浓度 1%±0.1% NaCl；盐水深度 40mm±10mm；长 30m
盐雾间	盐水浓度 3%±0.3% NaCl
盐水搓板路	盐水浓度 2%±0.2% NaCl；长 90m
碎石路	长 300m，碎石周围尖锐，大小为 3～8mm

海南所整车强化腐蚀试验由下列几部分组成：试验车预处理、正式强化腐蚀试验、试后的全面检查及腐蚀结果评价。每个试验循环为 24h，道路行驶时间约为 160min，其余的时间均在室内或环境实验室内进行，所以外界环境条件的变化不会对试验结果造成太大的影响，重复性较好。每个试验循环过程中各流程时间分配表见表 1.6[76]。

表 1.6　腐蚀试验循环中各流程时间分配表

道路行驶	湿热试验	自然干燥	盐雾喷射	试车检查	总计
160min	16h	270min	20min	30min	24h

整车强化腐蚀试验的步骤为：试验前检查样车的腐蚀状况和力学性能，测量涂层厚度，做好划线扩蚀的划痕制备等准备工作，并对车辆进行拍照、存档。试验结束后，与整车的原始状态进行比较，依据相应的腐蚀标准进行分析和判定。图 1.6 为整车强化腐蚀正式试验过程的流程图[77]。

其腐蚀情况根据汽车的腐蚀程度进行评级，腐蚀等级的评定目前国际上还没有一个比较权威的、统一的标准，国外各大汽车公司的评定规范各不相同，目前国内汽车行业使用的评价标准如表 1.7 所示[78]。

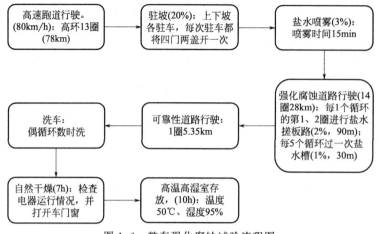

图 1.6 整车强化腐蚀试验流程图

表 1.7 腐蚀等级评定

等级	腐蚀程度	腐蚀情况描述
0	无腐蚀	无任何腐蚀现象
1	微量腐蚀	1到5个小的锈点
2	轻微腐蚀	较多小的锈点;锈蚀面积占部件总面积≤10%
3	轻度腐蚀	中等尺寸的锈点;锈蚀面积占部件总面积的 25±15%
4	中等腐蚀	很多中等尺寸的锈点;锈蚀面积占部件总面积的 50%±10%
5	大面积腐蚀	大尺寸的锈点;锈蚀面积占部件总面积的 75%±15%
6	全面积腐蚀	大面积的锈蚀区域或非常大的锈点;锈蚀面积占部件总面积的 100%
7	严重腐蚀	有少量锈垢堆积,不易脱落
8	非常严重腐蚀	有大量锈垢堆积、开裂或呈片状脱落
9	腐蚀穿孔	穿孔、断裂、扩展延伸孔

1.3.3.2 汽车实车腐蚀试验方法

采用室外整车不同区域挂片腐蚀试验,可将试样安装在货车易腐蚀的几个典型区域(车身侧部、尾部、顶部、底盘和发动机等部位),在运输过程中货车会经历不同的道路环境和气候环境,这样不仅能够反映货车在动态和静态下的腐蚀情况,同时也能够得出汽车不同部位的腐蚀数据,弥补室外大气静态暴晒腐蚀试验的不足之处,为汽车合理选材和防腐提供更加准确的依据。

1.4 汽车腐蚀评价方法

1.4.1 汽车腐蚀失效分析

汽车腐蚀主要是大气腐蚀，所以大气腐蚀常用分析方法基本上也适用汽车腐蚀。

1.4.1.1 重量法

材料的质量会因腐蚀作用发生系统的变化，这就是重量法评定材料腐蚀速度和耐蚀性的理论基础。重量法是以单位时间内、单位面积上由腐蚀而引起的材料质量变化来评价腐蚀的。在大气腐蚀研究方法中，重量法是最基本的定量评定腐蚀的方法，该方法是用以评估金属大气腐蚀最为直观、可靠的方法，能够真实地反映金属的大气腐蚀动力学。重量法又可分为失重法和增重法。根据腐蚀情况的不同，可选取不同的分析方法。

（1）失重法

失重法是一种简单而直接的腐蚀测量方法。它不要求腐蚀产物牢固地附着在材料的表面上，也不考虑腐蚀产物的可溶性，要求在腐蚀试验后全部清除腐蚀产物后再称量试样的终态质量，根据试验前后样品的质量损失直接表征材料的腐蚀程度，不需要按腐蚀产物的化学组成进行换算。这些优点使失重法得到广泛的应用。该方法一般采用化学的方法去除金属表面的腐蚀产物，为防止清除腐蚀产物过程中因基体金属被腐蚀溶解掉而造成误差，可用空白试样来校正失重。通过失重法可以计算出钢的腐蚀速率，进而评价钢的腐蚀趋势。

（2）增重法

当腐蚀产物牢固地附着在试样上，在试验条件下几乎不溶于溶液介质，也不为外部物质所玷污，这时用增重法测定腐蚀破坏程度是合理的。增重法适用于评定全面腐蚀和晶间腐蚀，而不适合评定其他类型的局部腐蚀。增重法的一个严重缺点是数据的间接性，即得到的数据包括腐蚀产物的质量，究竟多少材料被腐蚀，还需要分析腐蚀产物的化学组成来进行换算。这样当腐蚀产物的组成比较复杂时，精确的分析往往有困难。而且多价金属（如铁、铜等）可能会生成几种化学组成不同的腐蚀产物，带来比较复杂的换算。所有这些都限制了增重法的应用。

通过测定试样的初始总面积和试验过程中的质量变化即可计算得到腐蚀速

率。其公式如下：

失重速率：

$$v_{-w}=\frac{W_0-W_2-W_3}{At} \tag{1.1}$$

增重速率：

$$v_{+w}=\frac{W_1-W_0}{At} \tag{1.2}$$

式中 A——试样面积，m^2；

t——试验周期，h；

W_0——试样原始质量，g；

W_1、W_2——试验后含与不含腐蚀产物的试样质量，g；

W_3——清除腐蚀产物时平行空白试样的校正失重，g，一般为负数或零。

1.4.1.2 表面分析法

（1）表面形貌分析

试验前后对试样进行宏观形貌观察，用数码相机对试样进行拍照，记录宏观形貌的情况。扫描电子显微镜（SEM）可以借助于电子束在试样表面作扫描所获得的信息进行微区观察和元素分析，它可给出金属在不同时期的表面形态，观察金属表面局部腐蚀行为，并结合能谱仪（EDS）进行化学成分分析。原子力显微镜（AFM）可以在纳米尺度上描述材料表面微观形貌，并能够进行原位扫描及金属相区域的腐蚀行为分析。

（2）腐蚀产物分析

使用 X 射线衍射仪（XRD）进行腐蚀产物相组成和相结构分析，可以得到晶型物质的信息，借助于光电子能谱（XPS）和俄歇电子谱（AES）可以对腐蚀产物中元素进行化学状态分析和半定量分析。红外吸收光谱（IRAS）常用于常规和原位法确定腐蚀产物的相组成和相转变过程，但红外吸收光谱缺点是分辨精度较差。拉曼光谱（RS）通过可见光范围内拉曼散射效应测定分子振动光谱，可以原位观察材料动态腐蚀过程。

1.4.1.3 电化学分析法

腐蚀一般都伴随着电化学的腐蚀，金属的腐蚀更是如此，因此用电化学试验能提供动力学信息，是实验室中常用的重要腐蚀研究方法。但如果单方面利用电化学技术进行腐蚀研究得到的是较短时间内的腐蚀发展情况，与实际情况有一定的差异，因而目前我国正研发整套的环境谱实验，更贴近现实复杂情况的综合模拟,尽可能地减少这些误差。

(1) 极化曲线和交流阻抗测量方法

极化曲线和交流阻抗测量方法是电化学测试技术中一类十分重要的研究方法,近几十年来发展非常迅速,已成为研究电极过程动力学和表面吸附的重要手段之一,应用范围也越来越广泛。

极化曲线能够在腐蚀机理、腐蚀速率和特定材料在指定环境中的腐蚀敏感性等方面提供大量有用的信息,可以解释金属大气腐蚀的机理。极化曲线测量技术一般可分为控制电流法和控制电位法两类。

交流阻抗法是用小幅度交流信号扰动电解池,并观察体系在稳态时对扰动的跟随情况,同时测量电极的交流阻抗,通过分析阻抗数值,计算金属溶液界面等效电路的参数值。目前的 EIS 技术,测试频谱的频率范围可宽至 $10^{-5} \sim 10^{-9}$ Hz,电流精度可达 pA。可用于阻抗数据的拉普拉斯平面分析转化、制图及阻抗模拟。

(2) 电化学噪声法

电化学噪声法是以随机过程理论为基础,采用统计方法来研究腐蚀过程中电极、溶液界面电位电流波动规律性的一种新颖的电化学方法。点蚀的发生是一个随机事件,并且存在着钝化膜的破裂和修复引起的电位电流波动现象,因此,电化学噪声是一个比较合适的研究方法。

(3) 大气腐蚀监测电池 ACM

大气腐蚀监测电池是通过测量薄液膜下电化学电池的电流信号来反映大气环境腐蚀性的强弱。它可以对户外大气腐蚀进行长期的电化学监测以及对室内加速大气腐蚀进行实时监测,已经成为一种比较成功的用于研究和监测大气腐蚀的工具[79]。目前国内的许多研究者将 ACM 应用于室内加速实验中。祁凤玉[80]利用大气腐蚀监测仪(ACM)对海南万宁地区的大气腐蚀进行长期电化学监测,并将结果与该地区同期的主要大气腐蚀环境因素对比分析,初步找出了海南万宁大气腐蚀的主要环境因子及其腐蚀环境特点。但电化学监测方法仍存在一些问题,一是许多监测电池所得实验数据的平行性、重现性和反映环境条件变化的灵敏性都不够好;二是大气腐蚀电化学监测尚未建立标准实验方法,因此各个研究者所获得的实验结果无法进行比较。

(4) 微区电化学分析方法

常用的微区电化学技术包括扫描电化学显微镜(SECM)、扫描参比电极技术(SVET)、扫描开尔文探针和局部交流阻抗(LEIS)等。目前已有大量的关于微区电化学技术在碳钢和不锈钢腐蚀方面的研究报道。微区电化学技术的出现使得我们能够更深入研究不锈钢材料的局部腐蚀情况,并且更完整、允分地理解这些过程和控制因素的影响，同时能够在完全确定的电化学条件下，在实域和原子尺度上直接研究固/液界面过程的结构、热力学和动力学。

1.4.1.4 动态实时检测

金属大气腐蚀是受多种因素影响的极其复杂的电化学过程，随着金属腐蚀的不断进行，其腐蚀产物及腐蚀机制也发生着变化，这就是金属大气腐蚀研究较复杂的原因之一。在大气腐蚀研究中，金属/液膜、液膜/大气界面涉及三个不同的相：金属、水膜层和大气，在它们的界面上发生的过程包括：化学、物理、电化学过程。因此，研究者在对材料大气腐蚀进行研究时，希望得到金属大气腐蚀宏观行为的同时，也希望得到金属大气腐蚀的微观信息，也就是能实现原位动态实时监（检）测。目前，大气腐蚀监测的方法有机械法（包括表观检查、挂片法和警戒孔监视法）、物理方法（有超声波检测、涡流检测、射线检测、红外检测、声发射技术等）和电化学方法（电位探针、场图像技术、线性极化探针、电化学阻抗谱、电偶探针、电化学噪声和恒电量技术等）等。

1.4.2 汽车腐蚀相关性评价

室内外相关性研究是科研工作者通过对上述一系列室内加速循环试验和室外大气暴露试验两者结合的一种研究方法。大气自然腐蚀是一个受内外部多种因素共同作用的结果，其过程是非常复杂的，这些因素主要包括大气温度、相对湿度、降雨、阳光照射、污染物浓度和材料本身的耐蚀性能等，这些因素的共同作用完成对金属材料的腐蚀行为。由于这些因素复杂多样，因此通过将室内外研究方法进行相关性分析可以有效地研究室内加速试验与户外实际腐蚀情况之间的关系，从而更好地为金属材料提供完善的防腐方案，为汽车厂商对汽车零部件的选材提供依据。

科研人员利用该方法来研究不同金属材料室内外腐蚀的相关性，其中Mendoza 等[81]利用室内外腐蚀方法来研究有色金属材料铜、锌及铝合金在不同温度、湿度、Cl⁻和降雨时间等因素的作用下的室内外腐蚀相关性。王旭等[82]采用灰色关联度的分析方法来研究 Q235 钢在室内外腐蚀条件下的相关性，结果表明 Q235 钢在周浸加速试验条件下与实际污染海洋环境户外暴露的相关性结果较好。B. Boelen 等[83]将户内外试验结果相关性研究效果不理想的主要原因归结为两方面：一方面是难以建立确切的腐蚀速率与环境因子的数学关系；另一方面可能是加速试验腐蚀机理与实际环境中的腐蚀机理不完全相同。James Maxted 等[84]通过对室内不同的环境谱进行加速腐蚀试验，发现各种环境谱之间不一定要十分精确地进行模拟,考虑其主要的腐蚀因素即可,但是在此研究过程中,尽量要保证相同的腐蚀速率,所得不同环境谱间的关联性是比较可靠的,对于材料的质量控制及等级评价是有效的。刘道庆[85]等研究者为确定环境对某型汽车寿命的影响,在分析了该汽车腐蚀疲劳典型部位的结构特点和腐蚀环境的基础上,编制了典型部位的局部环境谱,并根据当量加速原理,通过线性拟合与计算,确定了局部停放环境谱与实验室加速环境之间的折算关系,并应用于该型汽车寿命评估工作中。穆志韬等[86]研究者根据航空铝合金腐蚀损伤等当量原则,建立了环境加速腐蚀当量折算关系,给出了航空铝合金材料的当量折算系数 α 及 RH-α、T-α 曲线。依据建立的当量折算关系编制的加速环境谱,对航空铝合金构件进行加速腐蚀试验研究,得到了温度(T)、相对湿度(RH)对环境当量折算系数的影响规律。周希沅[87]提出用金属腐蚀电流 I_C 作为度量尺度和用控制金属表面湿润时间的方法来制定腐蚀加速环境谱,并给出了北方沿海日历寿命为一年的铝合金当量试验谱,根据与挂片试验对照,证明此方法是可靠的。

1.4.2.1 评价相关性的原则

一般来说,如果要自然环境试验与室内加速腐蚀试验方法具有良好的相关性,应该遵循以下的原则:

① 试验模拟性好。就腐蚀而言,需要较好的模拟性就必须保证试验腐蚀过程的电化学机理相一致,同时腐蚀试验的环境作用机理和循环过程特点一致,最后腐蚀动力学规律一致。

② 试验加速性好。室内加速腐蚀试验应在模拟性优良的基础上具有高的加速倍率,初期加速倍率值尽可能大。

③ 试验重现性好。在相同加速试验条件下,进行两次以上或多次重复对比试验,试验结果重现性好。

1.4.2.2 评价相关性的方法

相关性评价方法更多地采用定性和定量相结合的方法进行,对相关性的评价主要分为定性评价法和定量评价法,同时可结合数学工具和计算机,运用综合加权、模糊数学、灰色系统、分形理论和专家系统来评定相关性。

(1) 模拟性的定性评价

对试验过程模拟性定性评价的方法,主要分为图表法和腐蚀机理对比法。图表法是相关性研究中最早采用的一种直观的比较方法,具体如下:选择合适的试验参数,将试验数据与时间对应列入适当表格或作图,比较图表中的数据,确定性能变化趋势,从而判断其相关性好坏。目前已有很多应用图表法评价相关性的研究实例，该方法能较好地评价试验过程的相关性。腐蚀机理对比法在国外使用较少，只有满足一定的条件，同时保证腐蚀机理的一致，才能保证本质上的相关性。

(2) 模拟性的定量评价

对试验过程模拟性的另一评价方法是定量评价法，定量评价法一般采用秩相关系数法、灰色关联分析、模糊数学等。

秩相关系数法是一种非参数线性相关分析方法，这种方法属于趋势性评价方法，较为简单。灰色关联分析方法是通过计算关联度来分析两个事物之间相关性程度的一种方法，其特点是可在少量的无规律的数据样本基础上得到两个事物之间的关联规律，灰色关联度主要适用于多个室内模拟加速试验的相互比较，从而择优选择试验方法，该方法在各种分析预测系统中得到了大量的应用。刘丽[88]等综述了灰色关联度的基本理论和优点，介绍了灰色关联度、灰色聚类分析和灰色模型的原理，并通过典型事例分析了其在石油工业腐蚀研究中的应用情况。牟献良等[89]采用秩相关系数法、灰色关联度分析法对加速试验结果和大气试验结果进行了分析，通过中性、酸性盐雾试验，与万宁、江津试验站的自然环境腐蚀试验结果对比，进一步阐述了自然环境试验与加速腐蚀试验的相关性。

(3) 加速性的评价

对试验过程中对加速性的评价，主要采用加速因子（AF）法或加速转换因子（ASF）法。AF 法属于点相关性评价方法，常用于高分子材料的老化评价。试验前规定材料试验终止性能指标，如在高分子材料老化中，一般终止性能指标为原始值的 50%，当用两种方法试验达到终止性能指标时的加速倍率就是 AF。

由于 AF 方法只能表明某一点的加速倍率，不能反映整个寿命内的加速性，为此引入了加速转换因子（ASF）的概念。ASF 法可以理解为某材料进行某个室内模拟加速腐蚀试验的性能相当于某地区自然环境试验的腐蚀性能随时间变化的加速倍率。

在进行 ASF 法计算时，首先可以做出如图 1.7 所示的自然环境腐蚀和室内加速腐蚀的曲线［横坐标 t/T 为时间，纵坐标为参数性能（依据实际情况确定）］，在曲线上取相应的数值得到对应的几个加速试验时间和自然环境暴露时间。如果所拟合的两条曲线置信度高，时间可以通过拟合的两个方程来计算，如果置信度不高，可以直接从图上取值，再通过回归分析得到 ASF 随时间变化的曲线规律[90]。

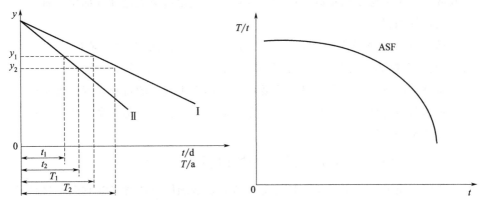

图 1.7 ASF 法的图解说明和 ASF 曲线随时间的变化

1.4.3 汽车腐蚀日历寿命评价

汽车的使用寿命是汽车研制的重要性能指标,它包括以行驶小时数表示的疲劳寿命和用使用年限表示的日历寿命,它们均包括首修期、修理间隔和总寿命。而汽车结构的使用条件是汽车使用寿命的决定性因素与基础。决定汽车结构寿命的使用条件主要是载荷-时间历程(载荷谱)和环境-时间历程(环境谱)。而环境-时间历程是产生腐蚀/老化损伤的主要原因,以下简称为"腐蚀条件"。本书主要分析了腐蚀/老化对汽车结构耐久性以及使用寿命的影响。

金属材料结构会产生腐蚀,非金属材料会发生老化,从而产生结构的腐蚀/老化损伤。大量汽车的服役使用情况表明,在经历一定的服役年限后,结构腐蚀/老化损伤频繁出现,随着服役年限的增加,腐蚀/老化损伤呈现较快的发展趋势,即腐蚀部位增加、腐蚀程度加剧。结构腐蚀/老化损伤对汽车的使用安全以及经济性均有重大危害。

1.4.3.1 腐蚀环境对汽车结构强度和日历寿命的影响

汽车在要求的化学、热和气候环境中使用,包括停放环境(含地面停放时的地面环境)和行驶时的空气环境。

首先,腐蚀环境不仅是决定汽车结构日历寿命的根本因素,而且对汽车结构的疲劳寿命有重要影响,同时影响着汽车结构的寿命体系,因此,腐蚀环境会影响疲劳关键件的日历寿命、修理间隔及总寿命。其次,腐蚀/老化损伤会影响结构的完整性,特别是影响结构的静强度、动强度、耐久性、损伤容限性能。对于腐蚀失效关键件,腐蚀与载荷的共同作用会加剧结构的疲劳损伤,降低结构的使用寿命、检查周期和剩余强度,腐蚀损伤严重的构件可能产生功能失效或由于不可修复而报废。因此腐蚀条件是决定这类关键件（部位）日历寿命的决定性因素。

通过日历寿命模型预测汽车服役年限，考虑腐蚀/老化影响因素并采取"日历延寿"措施，可延长汽车的使用寿命，它对提高汽车结构的经济性、降低汽车结构的寿命周期费用具有重要作用。本书中汽车的行驶强度以汽车设计的合理装载量为标准，主要考虑腐蚀条件对汽车材料的日历寿命影响，并提出日历寿命预测模型。

1.4.3.2 汽车材料在腐蚀环境中的日历寿命预测

要建立腐蚀条件下汽车材料的寿命体系，必须研究环境腐蚀对汽车材料日历寿命和腐蚀失效的影响，建立腐蚀影响随使用年限的变化规律。腐蚀影响包含地面停放腐蚀影响和行驶环境腐蚀影响，地面停放腐蚀是环境腐蚀的重要因素，对腐蚀条件下汽车结构或材料的日历寿命体系评定起着主导作用。

为了建立汽车结构或材料质量和寿命随时间的变化规律，作为腐蚀条件下汽车结构或材料日历寿命评定的基础，必须进行模拟试件（或材料）对应不同使用年限的环境腐蚀试验；为了评估汽车结构或材料腐蚀失效关键部位涂层与基体腐蚀损伤随使用年限的变化规律，确定合理的维修间隔与方法，实现腐蚀耐久性控制，以达到日历寿命要求的主要技术保障，也必须进行不同使用年限对应的模拟试件环境腐蚀试验。然而，汽车结构或材料的使用年限均以年计，一般可达10～30年或更长，直接将汽车或试件置于实际地面环境中进行地面停放若干年限的腐蚀试验难以符合实际的设计和评估需求。

工程上多采用实验室加速腐蚀的方法，即针对关键件的类别、材料与涂层状况、连接形式及腐蚀失效形式，建立相应的加速试验环境谱，进行加速腐蚀试验，使模拟试件（或材料）在加速试验环境谱下，用较短的时间达到与地面停放较长年限相同的腐蚀效果。可以这样说，只有建立了合理的加速试验环境谱与加速腐蚀试验技术，腐蚀条件下汽车结构或材料的日历寿命评定才有可能实现。因此，加速试验环境谱及加速腐蚀试验技术的建立，对腐蚀条件下汽车结构或材料的寿命体系的评定有着至关重要的意义。与此同时，加速试验环境谱与加速腐蚀试验技术也是汽车结构或材料抗腐蚀设计、涂层防护体系及基体材料选取等方面进行对比分析的重要试验手段。

(1) 大气腐蚀量与环境因子及腐蚀时间关系的数学模型

关于大气腐蚀量与环境因子及腐蚀时间关系的数学模型，大体可分为三种[91,92]：

① 腐蚀量与环境因子之间的腐蚀动力学经验方程式，典型的是钢铁大气

腐蚀性失重与腐蚀时间的线性双对数关系式；

② 腐蚀量与环境因子之间的数学函数关系式；

③ 综合用环境因子和腐蚀时间来表示腐蚀量的关系式，20 世纪 80 年代以前，提出了大量用来描述环境因子与腐蚀量关系的函数式，20 世纪 80 年代以后扩展到大气腐蚀与腐蚀时间及环境因子综合相关关系的研究。

北京航空材料研究院按照电化学监测腐蚀电流（ACM 仪测试方法）和各项环境因素显著因子，建立了大气腐蚀预测模型和计算大气腐蚀性的多元线性方程组[93]。其模型如下：

$$Q_g = (a_1 + b_1 RH_1 + c_1 [SO_2] + d_1 [Cl^-] + e_1 [NO_2] + f_1 SD_s + g_1 T) t_1$$
$$+ (a_2 + b_2 RH_2 + c_2 [SO_2] + d_2 [Cl^-] + e_2 [NO_2] + f_2 SD_s + g_2 T) t_2$$
$$+ (a_3 + b_3 RH_3 + c_3 [SO_2] + d_3 [Cl^-] + e_3 [NO_2] + f_3 SD_s + g_3 T) t_3$$
$$+ (a_4 + b_4 RH_4 + c_4 [SO_2] + d_4 [Cl^-] + e_4 [NO_2] + f_4 SD_s + g_4 T) t_D$$
$$+ (a_5 + b_5 R_{pH} + c_5 [Cl^-]) t_R \qquad (1.3)$$

式中，Q_g 为腐蚀电量；RH_i 为 4 个湿度区间各自的相对湿度，%；$[SO_2]$ 为大气中的 SO_2 含量，mg/m^3；$[Cl^-]$ 为大气中的 Cl^- 含量，mg/m^3；$[NO_2]$ 为大气中的 NO_2 含量，mg/m^3；SD_s 为大气沉降物中水溶性降尘量，$g/(m^2 \cdot 月)$；T 为大气温度，℃；R_{pH} 为雨水的 pH 值；t_i 为不同湿润区间的累积时间，h；t_R 为降雨时间，h；t_D 为凝露时间，h。

北京航空材料研究院根据上述数学模型，建立了不同环境各显著因子的碳钢、耐候钢和纯锌的大气腐蚀预测方程。获得碳钢和低合金钢的大气腐蚀量（如失重 W）与腐蚀时间（t）的大气腐蚀动力学方程，其模型为：

若 a 以 $\lg A$ 表示，则：

$$\lg W = a + n \lg t$$
$$\lg W = \lg A + n \lg t \qquad (1.4)$$

腐蚀时间 $t=1$ 时，A 即为该材料一年的腐蚀量，所以由 $A = KQ_1$，即可得出包含了不同时域环境因子影响的大气腐蚀预测方程的数学模型：

$$\lg W = \lg(K_{steel} Q_1) + n \lg t \qquad (1.5)$$

同样，对于锌 $W = a + bt$，由于 $W_1 = K_{Zn} Q_1$，当 $t=1$ 时，则有：

$$W = (K_{Zn} Q_1 - b) + (K_{Zn} Q_1 - a) t \qquad (1.6)$$

式中，W 为腐蚀失重；Q_1 为腐蚀电量；K_{steel} 为钢的腐蚀量与腐蚀电量的比例系数；K_{Zn} 为锌的腐蚀量与腐蚀电量之间的关系；t 为腐蚀时间。

根据气象等环境因素数据可获得不同地区一年的 Q_i 值和有关材料的 K

值,采用上述类似的各类型大气方程组,可对不同地区不同材料进行大气腐蚀预测。

(2) 幂函数金属腐蚀预测模型

幂函数数学模型被广泛用于金属材料的腐蚀预测:

$$D = At^n \tag{1.7}$$

式中,D 为腐蚀深度,mm;t 为暴露时间,a;A、n 为常数。

腐蚀失重的一次导数称为瞬时腐蚀速率:

$$\frac{dD}{dt} = Ant^{n-1} \tag{1.8}$$

腐蚀失重对时间的二次导数:

$$\frac{d^2D}{dt^2} = An(n-1)t^{n-2} \tag{1.9}$$

A 值是腐蚀试验第一个单位时间的腐蚀失重,它反映了腐蚀初期的腐蚀量,主要与环境有关,随着污染程度而增加。其次,A 值与钢种有关,随着合金含量增加而降低,但差别不大,其数值可在 0.02~0.10mm 的范围内变化。n 值是表征腐蚀发展趋势的常数,当 $n<1$ 时,二次导数是负值,这表明瞬时腐蚀速率是减函数,随着时间的延长腐蚀速率下降,腐蚀过程是一个减缓过程。n 值越小则阻化的效果越大,若瞬时腐蚀速率趋向零,则腐蚀失重将趋向为一个常数。当 $n>1$ 时,二次导数是正值,随着时间的延长腐蚀速率上升,腐蚀过程是一个加速腐蚀的过程,n 值越大则加速的效果越大。从 n 值的大小,可以分析腐蚀动力学的特征,对于腐蚀预测是一个十分重要的动力学参数。n 值最低可为 0.3,最高可达 1.89。

在不同地区,碳钢及低合金钢在大气环境中的腐蚀速率相差很大。我国一些地区碳钢的 A 值和 n 值测量结果见表 1.8[94]。

表 1.8 我国各地碳钢大气腐蚀数据

地点	环境类型	特征	A/mm	n
北京	乡村大气		0.032	0.45
青岛	海洋大气	距海 34m	0.058	0.57
武汉	城市大气		0.047	0.39
江津	城市大气	酸雨	0.083	0.45
广州	城市大气		0.060	0.48
琼海	城市大气	湿热	0.024	1.03
万宁	海洋	距海 350m	0.033	1.60

参 考 文 献

[1] 王振尧. 金属材料大气腐蚀研究动态 [J]. 全面腐蚀控制, 1995, (4): 1-3.
[2] 付安庆. 钢基热浸镀层在海洋环境中的腐蚀机制研究 [D]. 重庆: 重庆大学, 2007.
[3] Leygraf, Christofer, Graedel, Thomas. Atmospheric corrosion by Christofer Leygraf and Thomas Graedel [J]. Atmospheric Corrosion, 2000.
[4] Forslund M. Humidity sorption due to deposited aerosol particles studied in situ outdoors on gold surfaces [J]. Journal of the Electrochemical Society, 1997, 144 (1): 105-113.
[5] (苏) 托马晓夫 H. Д. 金属腐蚀及其保护的理论 [M]. 北京: 中国工业出版社, 1964.
[6] 肖葵. 电子材料大气腐蚀行为与机理 [M]. 北京: 化学工业出版社, 2020.
[7] 李家柱. 大气环境及腐蚀性 [J]. 装备环境工程, 2005, 2 (1): 70-74.
[8] 程晓波. 海洋大气环境下 Cr、Cu 和 Ni 元素对低合金钢耐蚀性的影响 [D]. 北京: 北京科技大学, 2007.
[9] 黄湛. 轿车车身防腐蚀结构及材料应用 [D]. 武汉: 武汉理工大学, 2009.
[10] 王光雍, 王海江, 李兴濂, 等. 自然环境的腐蚀与防护 [M]. 北京: 化学工业出版社, 1997.
[11] 宁文涛, 冯皓, 赵钺. 印刷线路板在复合环境下的腐蚀 [J]. 环境技术, 2010 (6): 30-32.
[12] 徐乃欣, 赵灵源, 丁翠红, 等. 研究大气腐蚀金属表面结露行为的新技术 [J]. 中国腐蚀与防护学报, 2001, 21 (5): 301-305.
[13] 梁利花. 微液滴现象在大气腐蚀过程中的作用 [D]. 青岛: 中国海洋大学, 2009.
[14] 杨晓华, 金平, 陈跃良. 飞机中使用环境谱的编制 [J]. 航空学报, 2008, 29 (1): 85-90.
[15] 孙心利. 大气污染对变电站金属材料的腐蚀危害及解决方案 [R]. 中国电机工程学会, 2011: 111-113.
[16] 屈庆, 严川伟, 张蕾, 等. Zn 初期大气腐蚀中 NaCl 和 SO_2 的协同效应 [J]. 中国有色金属学报, 2002, 12 (6): 1272-1276.
[17] 万晔, 严川伟, 曹楚南. 微量 SO_2 条件下硫酸铵颗粒沉积对 A3 钢大气腐蚀的影响 [J]. 材料工程, 2003 (3): 11-13, 20.
[18] 王凤平, 张学元, 雷良才, 等. 二氧化碳在 A3 钢大气腐蚀中的作用 [J]. 金属学报, 2000, 36 (1): 55-58.
[19] Guerra·Juan C., Castañeda Abel, Corvo Francisco. Atmospheric corrosion of low carbon steel in a coastal zone of Ecuador: Anomalous behavior of chloride deposition versus distance from the sea [J]. Materials and Corrosion, 2018, 70 (3).
[20] 刘圆圆. 液滴下金属表面化学性质研究 [D]. 青岛: 中国海洋大学, 2012.
[21] 江旭, 柳伟, 路民旭. 钢铁海洋大气腐蚀试验方法的研究进展 [J]. 腐蚀科学与防护技术, 2007, 19 (4): 282-286.
[22] 朱红嫚, 郑弃非, 谢水生. 万宁地区铝及铝合金不同距海点的大气腐蚀研究 [J]. 稀有金属, 2002, 26 (6): 456-459.
[23] 邹美平, 郦希, 钟庆东, 等. 表面污染物对冷轧低碳钢板耐大气腐蚀性能的影响 [J]. 腐蚀与防护, 2002, 23 (5): 196-198.
[24] 张文辉. 汽车底盘的防护与保养 [J]. 汽车与配件, 2012 (16): 40-41.
[25] 李慧艳, 方月华, 肖葵, 等. 干热大气环境中涂层材料失效行为研究进展 [J]. 科技导报, 2012,

30（34）：76-79.

[26] Xiao K, Bai Z, Yan L, et al. Microporous corrosion behavior of gold-plated printed circuit boards in an atmospheric environment with high salinity [J]. Journal of Materials science: Materials in Electronics, 2018, 29 (11): 8877-8885.

[27] 马志宏, 汪浚. 砂尘环境中军用装备磨损腐蚀进展的研究 [J]. 腐蚀科学与防护技术, 2005, 17 (2): 112-115.

[28] 邱金梅, 张坤. 水性底盘装甲涂料在客车上的应用 [J]. 汽车工艺与材料, 2008 (11): 26-27.

[29] Pieper K, Tang M, Jones C N, et al. Impact of Road Salt on Drinking Water Quality and Infrastructure Corrosion in Private Wells [J]. Environmental science and Technology, 2018, 52 (24): 14078-14087.

[30] 张亚博, 彭华乔, 苏正良, 等. 飞机镀镉高强度钢在机场道面除冰剂中的腐蚀行为及机理 [J]. 材料保护, 2016, 49 (7): 75-78.

[31] 洪乃丰. 我国北方地区冬季撒盐的利害分析与对策 [J]. 低温建筑技术, 2000 (3): 12-13.

[32] 宁丽君, 杜爱玲, 许立坤, 等. 镀锌层在 NaCl 溶液中的腐蚀行为研究 [J]. 腐蚀科学与防护技术, 2012, 24 (4): 291-295.

[33] 范琼, 付涛, 马建峰, 等. 汽车非金属内外饰材料环境老化研究 [J]. 汽车实用技术, 2017 (2): 193-195.

[34] 陈拯. 汽车内、外饰零部件老化问题的试验分析 [J]. 材料应用, 2011 (12): 45-51.

[35] 张静贤. 浅析汽车各种腐蚀类型及原因 [J]. 黑龙江交通科技, 2007 (02): 63-64.

[36] 孔纲, 卢锦堂, 车淳山, 等. 热镀锌钢白锈产生原因分析及预防 [J]. 腐蚀与防护, 2005, 26 (10): 450-452.

[37] 王杰, 王晓萌, 任晶波, 等. 浸入硼水的核电零部件的腐蚀问题 [J]. 石油和化工设备, 2013 (05): 57-58.

[38] 李强. 回归再时效处理制度对 Al-7.6Zn-1.6Mg-1.7Cu 合金组织与性能的影响 [D]. 2017.

[39] 刘光磊. 石油钻柱疲劳腐蚀失效机理及防治措施研究 [D]. 北京: 中国石油大学, 2007.

[40] 魏铭炎. 美、日、德汽车腐蚀试验和试验方法概述 [J]. 环境技术, 2001, 19 (005): 8-12, 16.

[41] 钟群鹏, 张峥, 骆红云. 材料失效诊断、预测和预防 [M]. 长沙: 中南大学出版社, 2009.

[42] 张文华. 显微组织与环境因素对低合金钢大气腐蚀行为的影响 [D]. 2009.

[43] 李蔚兴. 桥梁结构环境/荷载耦合作用加速试验方法与设备体系研究 [D]. 2015.

[44] 李运春. 含钪 Al-Cu-Li-Zr 合金腐蚀行为的研究 [D]. 长沙: 中南大学, 2008.

[45] 孟晓敏. 热处理和预变形对 AA2099 铝锂合金局部腐蚀行为的影响研究 [D]. 2017.

[46] 杨纯儿. 盐雾试验技术现状 [J]. 合成材料老化与应用, 2010, 39 (001): 43-47.

[47] 魏勇. 前处理对 AZ91D 镁合金锰系磷化膜显微组织及耐蚀性能的影响 [D]. 2017.

[48] 李文治. 盐雾环境下斜拉索应力腐蚀与腐蚀疲劳试验研究 [D]. 2015.

[49] 孙建亮, 任凯旭, 张瑾. 汽车大气腐蚀/老化试验标准分析 [J]. 环境技术, 2017, 000 (006): 43-46.

[50] 田永, 韦俊. 汽车金属零部件盐雾试验与改进措施 [J]. 汽车工程师, 2013, 000 (008): 37-40.

[51] 陈鹏. 盐雾试验技术综述 [J]. 电子产品可靠性与环境试验, 2014 (06): 62-68.

[52] Xiao K, Dong C, Li X, et al. Effect of Deposition of NaCl on the Initial Atmospheric Corrosion of Q235 [J]. Journal of Chinese Society for Corrosion & Protection, 2006, 26 (1): 26-30.

[53] 曾振欧，邹锦光，赵国鹏，等.不同镀锌层的三价铬钝化膜耐蚀性能比较 [J].电镀与涂饰，2007 (01)：7-9.

[54] Timmins F D. Avoiding Paint Failures by Pro-hesion J. Oil&Colour Chemists Assoc.，1979，62 (4)：131.

[55] Cremer N D. Prohesion Compared to Salt Sprayand Outdoors：Cyclic Methods of Accelerated Corrosion Testing. Federation of Societies for Coatings Technology，1989.

[56] Stephens M L. SAE ACAP Division 3 Profect：Evaluation of Corrosion Test Method：Paper No. 892571. Automotive Corrosion and Prevention Conference Proceedings，Society of Automotive Engineers，Warrendale，PA (1989)：157-164.

[57] Introduction to Cyclic Corrosion Testing. Tech-nical Bulletin LF-8144，Q-Panel.

[58] 王纪云.浅谈金属的腐蚀原理和保护措施 [J].中外企业家，2018 (23)：131.

[59] 田永，韦俊.汽车金属零件循环盐雾试验标准概述 [J].电镀与涂饰，2012，31 (008)：43-47.

[60] 林强. AZE 和 AS41 耐热镁合金的摩擦学行为研究 [D]. 2009.

[61] 李晓刚，程学群，肖葵，等.钢铁材料环境腐蚀野外台站试验技术与监测评估 [J].鞍钢技术，2018，000 (003)：1-7.

[62] Montoya P，Díaz I，Granizo N，et al. An study on accelerated corrosion testing of weathering steel [J]. Materials Chemistry and Physics，2013，142 (1)：220-228.

[63] 任呈强，李丽，王煦，等.管线钢在干湿交替环境下的腐蚀 [J].腐蚀与防护，2011 (04)：272-275.

[64] 李玉楠，王佳，张伟.有机涂层在浸泡和干湿循环条件下劣化过程的 EIS 对比研究 [J].电化学，2010，16 (04)：393-400.

[65] Gamal A EL-Mahdy，Kwang B Kim. AC impedance study on the atmospheric corrosion of aluminium under periodic wet-dry conditions [J]. Electrochem. Acta，2004，49：1937-1948.

[66] JOUEN S，JEAN M，HANNOYER B. Atmospheric Corrosion of Nickel in Various Outdoor Environments [J]. Corrosion Science，2004 (46)：499-514.

[67] 郭娟，侯文涛，许立坤，等.海洋干湿交替环境下电偶腐蚀及其研究方法进展 [J].装备环境工程，2012 (05)：67-70.

[68] Sakae Fujita，Daisuke Mizuno. Corrosion and corrosion test methods of zinc coated steel sheets on automobiles [J]. Corrosion Science：The Journal on Environmental Degradation of Materials and its Control，2007，49 (1)：211-219.

[69] 张红，杜翠薇，李晓刚.热镀锌板在 3 种典型泥浆中的电化学阻抗谱特征 [J].材料科学与工艺，2010，18 (02)：154-158.

[70] 王绍明，萧以德，张三平. SO$_2$/盐雾复合循环加速腐蚀试验模拟锌在户外大气暴露腐蚀行为 [J].腐蚀与防护，2005，26 (1)：13-17.

[71] 严川伟，高天柱，史志明，等. NaCl 对含 SO$_2$ 环境中 Zn 大气腐蚀的影响 [J].金属学报，2000，36 (3)：272-274.

[72] 张涛，周漪，刘静.汽车整车在典型环境下大气暴露试验结果分析 [J].装备环境工程，2013，10 (06)：50-55.

[73] 聂仁态. SGMW 整车耐腐蚀性与车身防腐工艺研究 [D].吉林：吉林大学，2011.

[74] 黄湛.轿车车身防腐结构及材料应用 [D].武汉：武汉理工大学，2009.

[75] 徐书玲. 国产汽车耐腐蚀试验研究 [J]. 汽车技术, 2002 (03): 21-24.
[76] 王海涛. 汽车道路强化腐蚀试验及评价方法 [J]. 腐蚀与防护, 2007, 28 (6): 300-302, 306.
[77] 于磊, 陈拯, 宛萍芳, 等. 整车强化腐蚀试验中的常见问题及分析 [J]. 汽车工艺与材料, 2010, (1): 32-34.
[78] 厉承龙. 乘用车强化腐蚀试验及防腐措施 [J]. 汽车工程师, 2015 (02): 18-20.
[79] 林翠, 王凤平, 李晓刚. 大气腐蚀研究方法进展 [J]. 中国腐蚀与防护学报, 2004, 24 (4): 249-256.
[80] 祁凤玉. 海南万宁大气腐蚀环境特点的研究 [J]. 航空材料学报, 2000, 20 (3): 73-77.
[81] Antonio R Mendoza, Francisco Corvo. Outdoor and indoor atmospheric corrosion of non-ferrous metals [J]. Corrosion Science, 2000, 42 (7): 1123-1114.
[82] 王旭, 肖葵, 程学群, 等. Q235 钢的污染海洋大气环境腐蚀寿命预测模型 [J]. 材料工程, 2017, 45 (04): 51-57.
[83] Boelen B. A literature survey on the development of an accelerated laboratory test method for atmospheric corrosion of precoated steel produces [J]. Corrosion Science, 34 (11): 192.
[84] Maxted J. Short Term Testing and Real Time Exposure [J]. Journal of Corrosion science and Engineering, 1999, 2.
[85] 刘道庆, 吴超, 陈亮. 飞机腐蚀疲劳典型部位地面停放局部环境谱及当量折算 [J]. 飞机设计, 2011, 31 (5): 15-17.
[86] 穆志韬, 柳文林, 于战樵. 飞机服役环境当量加速腐蚀折算方法研究 [J]. 海军航空工程学院, 2007, 22 (3): 301-304.
[87] 周希沅. 中国飞机结构的当量环境谱与加速试验谱 [J], 航空学报, 1996, 17 (5): 613-616.
[88] 刘丽, 任呈强. 灰色系统理论在石油工业腐蚀中的应用与进展 [J]. 材料导报, 2010, 24 (15): 99-102.
[89] 牟献良, 田月娥, 汪学华. 碳钢和低合金钢模拟加速试验与大气腐蚀试验的相关性 [J]. 环境技术, 2001, 19 (4): 14-17, 41.
[90] 彭司勋. 药物化学进展 [M]. 北京: 中国医药科技出版社, 2000.
[91] 李牧铮, 张军, 祁凤玉. 环境因子与大气腐蚀关系的数学模型和大气腐蚀预测 [J]. 中国腐蚀与防护学报, 1993, 13 (1): 10-18.
[92] 梁彩凤, 侯文泰. 环境因素对钢的大气腐蚀影响 [J]. 中国腐蚀与防护学报, 1998, 18 (1): 1-6.
[93] 李志强. 大气腐蚀性研究概况 [M]. 全国环境腐蚀网站通讯, 1999, 247 (7).
[94] 许尔威. 材料老化寿命预测与软件开发 [D]. 沈阳: 东北大学, 2014.

第 2 章

汽车金属材料自然环境暴露试验

腐蚀是金属材料在特定环境中与环境交互作用，发生了化学或电化学反应使其性能下降的过程。任何材料都必须在特定的环境下服役，若材料在不适宜环境中服役，对材料的力学及耐蚀性能都非常不利，轻则造成经济损失，重则导致重大环境污染和人员伤亡事故。

汽车材料多是在自然大气环境中服役的，而且交通便利导致了汽车的服役环境时刻变化，极其复杂，研究又表明，汽车不同材料在具体环境下的腐蚀类型也是各异。对汽车材料服役的腐蚀环境和腐蚀类型进行全面的认识必不可少，是发展高品质汽车材料的首要关键问题。本章对汽车材料面对的腐蚀环境和腐蚀类型进行了讨论，并对常用低合金钢 Q235 在不同地域的腐蚀状态进行分析，为汽车材料服役环境腐蚀研究提供数据基础。

2.1 我国大气环境特征

2.1.1 气温分布规律

我国地域辽阔，不同地域大气环境差别较大。我国沿海地区属于季风区，气候影响致使该区域年均气温普遍高于西部同经度非季风区。此外我国南北纬度跨度大，分布于不同气候带的沿海地区气温差异较大，据气象数据显示，我国渤海及黄海北部沿海地区年平均温度为 8~12℃，黄海南部沿海地区年平均气温为 12~16℃，东海北部沿海地区年平均气温为 16~20℃，东海南部以及南海大部分沿海地区年平均气温为 20~24℃，海南岛大部分及台湾南部沿海地区年平均气温超过 24℃。

我国不同气候类型的气温分布数据也有明显差异。在我国热带及亚热带季风气候区气温在 0~34℃ 范围内波动，平均气温为 16~20℃；在温带季风气候和温带大陆性气候区，气温在 -20~32℃ 范围内波动，平均气温为 5~15℃。在高原山地气候区，气温在 -12~25℃ 范围内波动，平均气温为 5~10℃。

2.1.2 相对湿度分布规律

我国沿海地区经济国内生产总值一直占全国的 60% 以上，具有极大的地区位优势，但是其材料服役环境相对恶劣。因为降水量多且靠近海洋，沿海地区水汽来源大，相对湿度普遍较内陆地区高。就各海域而言，东海和南海沿海地区湿度要高于渤海和黄海沿海地区。我国沿海地区年均相对湿度普遍超过 60%，东海和南海沿海地区年均相对湿度普遍超过 70%，部分地区年均相对湿度可超过 80%。

从气候类型上可以看出，我国热带及亚热带季风气候区，全年湿度较高，年平均湿度达到 60% 以上；温带季风气候、温带大陆性气候以及高原山地气候区的相对湿度整体低于热带及亚热带季风气候区，年均相对湿度在 50% 左右，且随季节变化明显，呈现夏季湿度高、冬季湿度低的特点。

2.1.3 大气腐蚀介质分布规律

(1) SO_2 污染物

在我国热带及亚热带季风气候区，大气中的 SO_2 污染物含量整体较低。亚热带季风气候区 SO_2 污染物年平均浓度在 $20\mu g/m^3$ 以下，热带季风气候区 SO_2 污染物年平均浓度在 $10\mu g/m^3$ 以下。其中，长江流域 SO_2 浓度高于部分沿海地区。

温带季风气候和温带大陆性气候区 SO_2 污染物含量较高，随季节规律变化，夏季浓度低，冬季浓度高，最高浓度将近 $300\mu g/m^3$，平均浓度在 $25\sim40\mu g/m^3$。近年来由于环境治理，全国绝大多数城市的 SO_2 污染物浓度逐年降低。

(2) 氯离子

大气中的氯离子主要来源于海水蒸发，沿海地区的氯离子浓度一般大于内陆地区，近年来的研究发现，氯离子浓度随着距海岸线距离的变化而变化，其变化规律如表 2.1 所示。

表 2.1　离海洋距离不同时空气中 Cl^- 和 Na^+ 的含量变化[1]

海洋距离/km	离子含量/(mg/L)	
	Cl^-	Na^+
0.4	16	8
2.3	9	4
5.6	7	3
48.0	4	2
86.0	3	—

2.1.4　典型大气环境特征

2.1.4.1　按照地域特点区分

我国东北地区最暖月平均气温约 25℃，最冷月平均气温约 -20℃，最大温差大约 45℃。湿度随季节变化改变明显，在 25%～90% 范围内波动，秋冬的湿度比春夏的高。SO_2 浓度方面，东北地区在 2014、2015 年冬季浓度较高，最高可达 $200\mu g/m^3$ 以上，夏季和秋季浓度较低，均在 $30\mu g/m^3$ 以下，近两年来 SO_2 浓度峰值在 $100\mu g/m^3$ 范围内上下波动，可见大气中的 SO_2 浓度随时间变化而降低。

我国华北地区最暖月平均气温约 30℃，最冷月平均气温约 -5℃。湿度随季节变化非常明显，在 20%～80% 范围内波动，在夏、秋湿度高，春冬湿度低。2016～2018 年来天津、北京和石家庄的 SO_2 浓度呈递减趋势，基本保持在 50% 以下，之前的峰值可达 $150\mu g/m^3$，太原和呼和浩特 SO_2 浓度随季节变化较大，春冬高、夏秋低，其 2014～2018 年的峰值均在 $100\mu g/m^3$ 以上，其中太原地区的 SO_2 浓度较高，达到 $200\sim300\mu g/m^3$，呼和浩特的较低，为 $50\sim100\mu g/m^3$，大体上随时间变化浓度减少，但是 2016 和 2017 年间的 SO_2 浓度均高于 2018 年。

我国华中地区最暖月平均气温约 30℃，最冷月平均气温为 0℃。湿度与季节变化关系不大，基本稳定在 60%～90%，但是郑州的湿度仍与季节略有关系，一般春季较低。该地区 SO_2 浓度逐年下降，随季节变化较小，2016～2018 年中，浓度趋于稳定，在 $50\mu g/m^3$ 以下。

我国华南地区最暖月平均气温约 30℃，最冷月平均气温约 10℃。湿度随季节变化不大，常年在60%以上。该地区SO_2浓度春冬高、夏秋低，但总体数值变化不大，均低于$20\mu g/m^3$。

我国西南地区中成都、昆明、贵阳、重庆和拉萨气温变化范围为0~30℃。昆明和拉萨地区湿度随季节变化明显，夏秋高、春冬低。成都、贵阳和重庆湿度不受季节影响，在40%~90%范围内波动。昆明较为湿润，达到40%~90%。拉萨较为干燥，在10%~75%范围内波动。成都、昆明、拉萨和重庆SO_2浓度逐年减少，基本在$40\mu g/m^3$以下，其中拉萨、重庆SO_2浓度较低，在$20\mu g/m^3$以下。贵阳SO_2浓度随季节变化，春冬高、夏秋低，春冬最高可达$75\mu g/m^3$。

整个华东地区气温0~30℃，其中福州地区10~30℃。湿度与季节变化略有关系但不明显，除济南外，其他地区都基本保持在50%~90%。该地区SO_2浓度均逐年递减，与季节变化关系较大，冬季达到峰值，其中福州除2014年初较高，在$40\mu g/m^3$左右外，之后基本都维持在$10\mu g/m^3$以内，非常稳定，上海、合肥和杭州近两年仍保持在$20\mu g/m^3$以下，南京和济南略高，整体上峰值不超过$80\mu g/m^3$。

西北地区银川、西宁、西安和兰州的温度都在-10~30℃之间，乌鲁木齐在-20~30℃之间。银川、西宁、西安和兰州湿度随季节变化明显，夏秋高、春冬低，在20%~95%范围内波动，而乌鲁木齐秋冬高、春夏低，在20%~90%范围内波动。整体看来，西北地区SO_2浓度均逐年下降，冬季达到峰值。其中，银川、西宁、兰州地区污染较为严重，峰值可达$100\mu g/m^3$，乌鲁木齐、西安地区污染较为轻微，近几年来SO_2浓度一直低于$50\mu g/m^3$。

2.1.4.2 按照大气环境特点区分

北方干燥大气环境。我国北温带乡村自然大气环境地区分布在北半球中纬度大陆东岸、南北纬40°~60°的大陆西部，该地区年平均气温不低于0℃，年积温介于3200℃~4500℃之间。该区域冬暖夏凉、年较差小，全年有降水以及秋冬季雨量稍多，此外，这里有较多的阴雨天，云雾也多，阳光照射、紫外线辐照量也较少。全年四季分明，春秋短、冬夏长。春季干旱多风沙，夏季炎热多雨，冬季较寒冷、干燥少雪。年平均降水量为640mm，是华北平原降水量最大的地区之一。降水量主要集中在7~8月份，且多有雷雨和暴雨，全年无霜期为180~200天。因此材料在北温带乡村自然大气环境下的腐蚀行为具有代表性。

南方湿润大气环境。我国亚热带城市污染工业大气环境地区分布在北纬25°~35°的亚热带大陆东岸，为热带海洋气团与极地大陆气团交替控制和互相角逐交绥的地带。该环境主要分布在我国东部秦岭淮河以南、热带季风气候以北的地带。亚热带季风气候形成的主要原因是地处回归线附近,特点是冬温夏热、四季分明、降水丰沛、季节分配比较均匀。此区域冬季受西风带控制,锋面气旋活动频繁,气候温和,最冷月的平均气温在0℃以上;夏季炎热,受副热带高压控制,气流下沉,气候炎热干燥、少雨、云量稀少、阳光充足,最热月的平均气温大于22℃,气温随季节变化显著,年降水量一般在800～1500mm之间,夏季较多,无明显干季。亚热带城市污染工业大气环境是指含污染性气体的中部城市环境,受工业排放的影响,大气中污染物种类繁多,含有SO_2等加速腐蚀的污染性气体。由于大量的废热排放到空气中,城市的年平均温度要比郊区高0.5～1.0℃,冬季平均最低气温高出1～2℃。另外,大气中排放的大量烟尘微粒会减少到达地面的太阳辐射量,工业上排放的微粒具有水汽凝结核的作用,将增加大气的降水量。

西北沙漠大气环境。北温带干热沙漠大气环境,温带沙漠主要分布在南北回归线附近的副热带高压控制地区,在南北纬度15°～35°之间的信风带。这类沙漠大多位于大陆深处,远离大海,山峦阻隔,地形闭塞。潮湿的海洋气流难以到达,气候非常干燥,沙漠就形成了。这里的气压很高,天气很稳定,雨量极少,年降雨量大多在50～100mm之间,最少的地方只有10～20mm,平均相对湿度约为20%。沙漠白天高温,夜间低温,昼夜温差大,例如,吐鲁番午后最高气温平均为27.5℃,往往可以出现30℃以上的温度,而清晨最低气温平均仅为9.3℃。夏季炎热,最高温度可达50℃及以上,冬季寒冷,最冷的月份低于0℃,气温日较差、年较差均很大。因太阳辐射强烈,每天日照时间10h以上,年日照时间在3000h以上,夏干冬湿。因而材料在北温带干热沙漠大气环境下的腐蚀行为对于该环境中材料的服役性能评价具有代表性。

青藏高原大气环境。我国西部高原大气环境具有气温低、积温少、湿度小、云量少、干湿分明、日照充足、辐射强等特点。海拔3000m以上无夏季,冬季约占全年的一半。降水量自高原东南部向西北部递减,且边缘多于腹地;气温随高度和纬度的升高而降低,且气温日较差很大,年平均气温由东南的20℃,向西北递减至-6℃以下。由于南部海洋暖湿气流受多重高山阻留,年降水量也相应由2000mm递减至50mm以下。在喜马拉雅山脉北翼,年降水量不足600mm,而南翼为亚热带及热带北缘山地森林气候,最热月平均气温18～25℃,年降水量1000～4000mm。而昆仑山中西段南翼属高寒半荒漠和荒漠气候,最暖月平均气温4～6℃,年降水量20～100mm。日照充足,年太阳辐射总量140～180kcal/m^2(1cal=4.1868J),年日照总数2500～3200h。高原地区的太阳直接辐射强度大,其中紫外线辐射强度尤为显著。拉萨市位于西藏自治区东南部,地理坐标为东经91°06′,北纬29°36′。太阳辐射强,降雨稀少,昼夜温差较大,属高原温带半干旱季风气候。降雨量集中在6~9月份,全年日照时间超过3000h。

污染海洋大气环境。青岛地处北温带季风区域,属温带季风气候,由于直接受到海洋环境的调节,受来自洋面上的东南季风及海流、水团的影响,因而又具有显著的海洋性气候特征。空气湿润,雨量充沛,温度适中,四季分明。春季气温回升缓慢,较内陆迟1个月;夏季湿热多雨,但无酷暑;秋季天高气爽,降水少,蒸发强;冬季风大温低,持续时间较长。

热带海洋大气环境。热带海洋大气环境在海洋性气候条件下,气温的年、日变化相对较小,年较差和日较差都小于大陆性气候。海洋性气候的绝对湿度和相对湿度一般大于大陆性气候。相对湿度的年较差海洋性气候小于大陆性气候,并且季节分配比较均匀。它的气候特点是高温高湿、日照时间长、辐射强,气候终年潮湿,年平均降水量比大陆性气候多,全年高温,温差小、积温高,最冷月平均温度也在18℃以上,全年气温在16~35℃之间。雨量充沛,大部分地区年降水量为1500~2500mm,日照时间长,常年日照数平均在1800h以上。

2.2 中国大气腐蚀等级

大气腐蚀一般被分为乡村大气腐蚀、海洋大气腐蚀和工业大气腐蚀。乡村地区的大气比较纯净;海岸附近的大气中含有以 NaCl 为主的海盐粒子;工业地区的大气中则含有 SO_2、H_2S、NH_3 和 NO_2 等。

2.2.1 大气环境腐蚀性等级

为了表征不同环境地区大气环境严酷程度差异,对材料进行腐蚀性研究、合理选择和防护设计,提出大气环境腐蚀性等级。在20世纪,世界上许多国家开展了大气环境腐蚀性分类分级相关研究。目前,有关大气环境腐蚀性分类分级的技术已经日渐成熟,并形成 ISO 9223、JIS Z 2383 等相应标准和方法。

大气环境腐蚀性按定性分类主要分为温度、湿度、腐蚀介质三个方面;按气温分为热带、亚热带、温带、寒带等不同的气候区;按相对湿度或降雨量分为干燥型(RH 小于60%)、普通型(RH 为60%~75%)、潮湿型(RH 大于

75％）等不同类型；按大气污染性或环境特征分为工业大气、海洋大气、城市大气和乡村大气等。大气环境腐蚀性定性分类给出了不同划分方法，但仅考虑了单个环境因素或主要环境特征，而未考虑大气环境对材料腐蚀的影响或影响材料腐蚀的主要环境因素，因而无法提供一种定量预测大气环境腐蚀性的方法。

大气环境腐蚀性分类的定量方法主要有标准试样法、环境因素法和腐蚀变量法三种。标准试样法根据标准试样的腐蚀速率来确定环境中的腐蚀性。通常采用低碳钢、铝、铜和高纯锌作为标准试样的材料。这种方法用于评估大气环境腐蚀性较为直观、简单、易于操作，但无法确定特定气候条件或污染物对大气腐蚀过程的影响。环境因素法通过对气象因素和大气环境腐蚀性成分的监测，然后通过数据分析处理来划分环境腐蚀性。这种方法有助于了解所在环境的气候变化，但需要检测或收集的环境因素较多，不能直接反映大气的腐蚀程度。腐蚀变量法测量直接与腐蚀有关的变量进行环境分类，并要求精确给出腐蚀量。国际标准组织在1992年颁布了大气腐蚀性分类标准ISO 9223。该标准是应用广泛的大气腐蚀性评估的国际标准，给出了按照标准金属试件的腐蚀率，以及综合润湿时间和大气中腐蚀介质（SO_2和Cl^-）含量进行大气腐蚀性分类的方法。其中按照标准GB/T 19292.1—2018金属第1年的腐蚀率将大气腐蚀性分为6类，见表2.2，并明确了SO_2和氯化物的空气污染以及润湿时间的环境分类，见表2.3～表2.5。

表 2.2 按照金属第 1 年腐蚀速率进行环境腐蚀性分类

腐蚀性等级	腐蚀速率 r_{corr}				
	单位	碳钢	锌	铜	铝
C1	g/(m²·a)	$r_{corr} \leq 10$	$r_{corr} \leq 0.7$	$r_{corr} \leq 0.9$	忽略
	μm/a	$r_{corr} \leq 1.3$	$r_{corr} \leq 0.1$	$r_{corr} \leq 0.1$	—
C2	g/(m²·a)	$10 < r_{corr} \leq 200$	$0.7 < r_{corr} \leq 5$	$0.9 < r_{corr} \leq 5$	$r_{corr} \leq 0.6$
	μm/a	$1.3 < r_{corr} \leq 25$	$0.1 < r_{corr} \leq 0.7$	$0.1 < r_{corr} \leq 0.6$	—
C3	g/(m²·a)	$200 < r_{corr} \leq 400$	$5 < r_{corr} \leq 15$	$5 < r_{corr} \leq 12$	$0.6 < r_{corr} \leq 2$
	μm/a	$25 < r_{corr} \leq 50$	$0.7 < r_{corr} \leq 2.1$	$0.6 < r_{corr} \leq 1.3$	—
C4	g/(m²·a)	$400 < r_{corr} \leq 650$	$15 < r_{corr} \leq 30$	$12 < r_{corr} \leq 25$	$2 < r_{corr} \leq 5$
	μm/a	$50 < r_{corr} \leq 80$	$2.1 < r_{corr} \leq 4.2$	$1.3 < r_{corr} \leq 2.8$	—
C5	g/(m²·a)	$650 < r_{corr} \leq 1500$	$30 < r_{corr} \leq 60$	$25 < r_{corr} \leq 50$	$5 < r_{corr} \leq 10$
	μm/a	$80 < r_{corr} \leq 200$	$4.2 < r_{corr} \leq 8.4$	$2.8 < r_{corr} \leq 5.6$	—
CX	g/(m²·a)	$1500 < r_{corr} \leq 5500$	$60 < r_{corr} \leq 180$	$50 < r_{corr} \leq 90$	$10 < r_{corr}$
	μm/a	$200 < r_{corr} \leq 700$	$8.4 < r_{corr} \leq 25$	$5.6 < r_{corr} \leq 10$	—

表 2.3 以 SO_2 表示的空气污染分类

SO_2 沉积速度 $P_d/[mg/(m^2 \cdot d)]$	SO_2 浓度 $P_c/(\mu g/m^3)$	类型
$P_d \leqslant 10$	$P_c \leqslant 12$	P0
$10 < P_d \leqslant 35$	$12 < P_c \leqslant 40$	P1
$35 < P_d \leqslant 80$	$40 < P_c \leqslant 90$	P2
$80 < P_d \leqslant 200$	$90 < P_c \leqslant 250$	P3

表 2.4 以氯化物表示的空气污染分类

氯化物沉积速度 $S/[mg/(m^2 \cdot d)]$	种类
$S \leqslant 3$	S0
$3 < S \leqslant 60$	S1
$60 < S \leqslant 300$	S2
$300 < S \leqslant 1500$	S3

表 2.5 湿润时间的分类

类型	润湿时间 ζ		实例
	h/a	%	
$\zeta 1$	$\zeta \leqslant 10$	$\zeta \leqslant 0.1$	具有气候控制的内部小气候
$\zeta 2$	$10 < \zeta \leqslant 250$	$0.1 < \zeta \leqslant 3$	无空气调节的内部微气候,潮湿气候中内部无空气调节的空间除外
$\zeta 3$	$250 < \zeta \leqslant 2500$	$3 < \zeta \leqslant 30$	干燥的、寒冷的和部分温带气候的户外大气,温带气候下适当通风的棚内
$\zeta 4$	$2500 < \zeta \leqslant 5500$	$30 < \zeta \leqslant 60$	各种气候(干燥和寒冷气候除外)的户外大气;潮湿条件下的通风棚,温带气候不通风的棚内
$\zeta 5$	$5500 < \zeta$	$60 < \zeta$	部分潮湿气候;潮湿条件下的不通风棚内

2.2.2 我国大气环境腐蚀性等级分类

通过监测大气环境的气象因素和腐蚀性成分,结合我国各个地区的环境因素,通过数据分析处理对各个地区的环境腐蚀性进行划分,得到我国各个地区(具体到地、市和县级行政区域)的大气环境腐蚀性等级分类(如表2.6所示)。

表 2.6 全国典型城市腐蚀等级

省份	站点	SO_2 浓度 P_c	润湿时间 ζ	氯化物沉积速度 S	腐蚀等级
安徽	合肥	P1	$\zeta4$	S0	C3
北京	北京	P1	$\zeta3$	S0	C2
福建	福州	P1	$\zeta4$	S1	C3
福建	厦门	P1	$\zeta4$	S1	C3
甘肃	兰州	P2	$\zeta2$	S0	C1
广东	广州	P1	$\zeta4$	S1	C3
广东	深圳	P1	$\zeta4$	S1	C3
广东	珠海	P1	$\zeta4$	S1	C3
广西	南宁	P1	$\zeta4$	S0	C3
贵州	贵阳	P1	$\zeta4$	S0	C3
海南	三亚	P0	$\zeta5$	S1	C4
河北	石家庄	P2	$\zeta3$	S0	C3
河南	郑州	P2	$\zeta3$	S0	C3
黑龙江	哈尔滨	P1	$\zeta3$	S0	C2
湖北	武汉	P2	$\zeta4$	S0	C4
湖南	长沙	P1	$\zeta4$	S0	C3
吉林	长春	P2	$\zeta3$	S0	C3
江苏	南京	P2	$\zeta4$	S0	C4
江西	南昌	P1	$\zeta4$	S0	C3
辽宁	沈阳	P2	$\zeta3$	S0	C3
内蒙古	呼和浩特	P2	$\zeta2$	S0	C1
宁夏	银川	P2	$\zeta3$	S0	C3
山东	济南	P2	$\zeta3$	S0	C3
山东	青岛	P2	$\zeta3$	S1	C4
山西	太原	P2	$\zeta3$	S0	C3
陕西	西安	P2	$\zeta3$	S0	C3
四川	成都	P1	$\zeta4$	S0	C3
新疆	库尔勒	P2	$\zeta2$	S0	C1
新疆	乌鲁木齐	P2	$\zeta3$	S0	C3
云南	昆明	P1	$\zeta4$	S0	C3
浙江	杭州	P1	$\zeta4$	S0	C3

2.3 金属材料户外暴露大气腐蚀规律

2.3.1 碳钢户外暴露大气腐蚀规律

腐蚀是钢铁材料的主要破坏形式之一。大气腐蚀是金属表面在电解液薄膜下的电化学腐蚀过程。腐蚀过程中材料受环境介质的作用发生化学反应而劣化或破坏。其中钢在腐蚀环境中能否使用，很大程度上取决于腐蚀产物的性质。通过腐蚀产物的多少及形成速度可以判断腐蚀程度，并且腐蚀产物的性质将决定腐蚀进行的历程及是否防止金属继续腐蚀。

2.3.1.1 碳钢的大气腐蚀机理

大气腐蚀是金属表面处于电解液薄膜下的电化学腐蚀过程。钢大气腐蚀的第一步是在表面形成电解质水膜，且实际大气腐蚀环境中，存在Cl^-和SO_4^{2-}等污染物，它们作为电解质存在甚至附加反应而使铁的腐蚀反应复杂化。

在电解质水膜环境中发生腐蚀，阳极过程就是金属作为阳极发生溶解的过程：

$$Fe \longrightarrow Fe^{2+} + 2e^- \tag{2.1}$$

阴极过程在中性或碱性介质中为：

$$O_2 + 2H_2O + 4e^- \longrightarrow 4OH^- \tag{2.2}$$

阴极过程在酸性介质（如酸雨）中为：

$$O_2 + 4H^+ + 4e^- \longrightarrow 2H_2O \tag{2.3}$$

此外，碳钢内部不同物相之间存在电位差是发生区域电化学反应的条件，材料表面活性比较高的区域（晶格缺陷或位错密度较高区域）在腐蚀环境会优先进行阳极溶解反应。因此碳钢在大气腐蚀性环境中腐蚀起源主要在表面夹杂物的周围，碳钢基体与钢中夹杂物形成腐蚀微电池，该区域发生同时进行的阴极和阳极反应[2,3]。

随着腐蚀的进行，碳钢基体表面逐渐形成腐蚀产物，它们多以层状附着并逐渐积累从而形成保护性锈层。该碳钢锈层一定程度上具有物理保护性，锈层中含有能影响钢铁腐蚀过程的化学活性物质，从而减缓基体内部继续腐蚀的反应速率；此外锈层中含有的活性物相能够在钢铁的后期腐蚀电化学过程中与其他物质发生反应。锈层的这种保护性也成为了人们在碳钢基础上进一步研究耐候钢种的重要指标。

目前工程中大量使用的裸露钢大气腐蚀速率较快，在一般大气环境发生腐蚀过程，其腐蚀产物即锈层具有一定保护作用，因而腐蚀速率随时间的发展逐渐降低，最后趋于一个稳定值。对于该稳定值，通过多周期测试利用式(2.4)可以分析材料腐蚀规律。

多年来，已经积累了大量钢的大气腐蚀暴露数据，经回归分析证明，钢的大气腐蚀发展遵循幂函数规律[4]：

$$D = At^n \tag{2.4}$$

式中，t 为暴露时间，a；A 为第一年的腐蚀损失；n 为常数，数值一般小于1；D 为腐蚀深度，mm。A 值相当于第一年的腐蚀速率，主要与环境有关，随环境污染程度的增大而增加，其次，A 值与钢种有关，随着合金含量增加而降低，但差别不大。n 值表征腐蚀的发展趋势，一般为 0.4～0.5，这说明钢的大气腐蚀产物即锈层，一般具有保护作用，因而钢的大气腐蚀是一个减缓过程。但是 n 值随钢种和环境变化极大。当 n 值大于1时，腐蚀是不断加速的过程。

2.3.1.2 碳钢的大气腐蚀影响因素

碳钢的大气腐蚀是自然环境中最普遍的腐蚀过程，会导致钢材的严重破坏。对腐蚀有较大影响的大气成分有：大气中的氯化钠盐粒（海洋大气）、二氧化硫（工业大气）及氧、二氧化碳、水蒸气、污染物（硫化氢、氮氧化物等）。这些因素互相协同或减弱，形成较为复杂的腐蚀环境[5,6]。

大气中的碳钢腐蚀过程中电化学反应发生在薄液膜下，与发生在溶液中的电化学反应不尽相同。能够决定大气腐蚀速率及反应历程的主要因素是大气中的水分，水分通过影响水膜厚度能够直接影响其腐蚀速率，而大气中水分的含量受季节、地域、环境等多方面的影响。在实际大气环境中，大气中的相对湿度越大，电化学腐蚀的湿膜越易形成，并且存在的时间越长，腐蚀速率也相应增加。因而金属大气腐蚀的速率以及电极反应过程的特征会受大气条件的影响而发生变化。

温度对钢的大气腐蚀也有一定影响。一般来说，温度每升高10℃，化学反应加快2～4倍。影响腐蚀速率的许多因素也会随温度而变化。温差的影响也较大，主要体现在影响水汽在钢表面的凝聚以及凝聚水膜中的气体和盐类的溶解度，进而影响水膜的电导率及其中的化学反应。但是气温对金属腐蚀的影响还与大气相对湿度有关，当相对湿度超过金属临界相对湿度时，气温的影响才变得十分显著；当相对湿度低于这个临界值时，其影响就会变得很小。

碳钢暴露于大气环境中时，表面覆盖有薄的氧化膜，主要物质由羟基氧化铁和氧化铁组成。而当环境中存在 NaCl 时，其溶解在水滴中，碳钢发生反应，Cl^- 具有很强的侵蚀性，它不仅起到导电介质的作用，而且会破坏碳钢表面的保护膜。这个过程可以用下面的机理来描述：

$$Fe(OH)_2 + Cl^- \longrightarrow FeOH^+ + Cl^- + OH^- \tag{2.5}$$

在大气腐蚀过程中，Cl^- 会造成反应中间产物 $Fe(OH)_2$ 的局部溶解，这导致了在致密的氧化膜上出现细微的裂缝，腐蚀介质会通过该裂缝渗入基体，促进腐蚀产物的不断延伸发展，加速基体的腐蚀[7]。

此外，在薄液膜的 pH > 5.5 时，且在 Fe^{2+} 含量足够高的位置，$Fe(OH)_2$ 稳定存在。而在含 SO_2 的污染大气环境中，SO_2 的存在使得 $Fe(OH)_2$ 不能稳定存在。当潮湿的大气中有 SO_2 存在时，SO_2 可以在材料表面的许多活性位置吸附并发生反应。钢在被 SO_2 污染的大气中腐蚀时，作为腐蚀促进物质的 SO_2 变成了 SO_4^{2-}，这将会降低那部分锈层的保护性。

当潮湿的大气环境中含有 SO_2 时，在薄液膜中发生 SO_2 沉积离解，SO_4^{2-} 生成。SO_2 分子的极性极强，易溶于水：

$$SO_2(g) \longrightarrow SO_2(aq) \tag{2.6}$$

当潮湿的大气中有 SO_2 存在时，它可以在表面的许多活性位置吸附并发生反应，形成酸性溶液，反应生成的可溶性离子不具有阻碍的作用，因此，随着 SO_2 浓度增加，导致钢铁初期腐蚀增重快速增加。

在 SO_2 沉积离解的过程中，$FeSO_4$ 生成：

$$SO_2(aq) + O_2 + 2e^- \longrightarrow SO_4^{2-} \tag{2.7}$$

$$Fe^{2+} + SO_4^{2-} \longrightarrow FeSO_4 \tag{2.8}$$

$FeSO_4$ 氧化成铁锈，释放 SO_4^{2-}，SO_4^{2-} 酸化进一步腐蚀铁，产生新的 $FeSO_4$，因此又释放 SO_4^{2-}，依此类推，循环一直进行到 SO_4^{2-} 形成不溶的羟基硫酸铁被去除为止。

$$FeSO_4 + 2H_2O \longrightarrow FeOOH + SO_4^{2-} + 3H^+ + e^- \tag{2.9}$$

$$Fe(OH)_2 + 2H^+ \longrightarrow Fe^{2+} + 2H_2O \tag{2.10}$$

$$2H_2SO_4 + 2Fe + O_2 \longrightarrow 2FeSO_4 + 2H_2O \tag{2.11}$$

因此，在 SO_2 环境中，碳钢锈层中红褐色腐蚀产物 FeOOH 会在腐蚀过程中发生开裂现象，通过裂缝 H^+ 和 SO_4^{2-} 渗透到基体引起 Fe 基体以及其吸附的 $Fe(OH)_2$ 膜进一步溶解[7,8]。

另外，环境中 CO_2 由于易溶性和酸化效应，也特别容易导致钢铁的腐蚀，随着工业的发展，大气中的 CO_2 含量逐年增加，因此 CO_2 对金属的腐蚀也应该受到重视。CO_2 溶于钢表面液膜使得液膜的酸性增加，加速钢及腐蚀产物膜的溶解，因此在反应初期起到催化和加速腐蚀的作用。

2.3.2 纯锌户外暴露大气腐蚀规律

锌及其合金镀层在金属防护领域中得到了广泛的应用，而其大气腐蚀的本质是薄液膜下 Zn 金属的电化学腐蚀。Zn 与环境中的氧气和水汽形成氢氧化物和氧化物，再与环境中的其他物质发生反应，形成各种碱式盐而覆盖在锌基体表面，因而在大多数自然环境中，能较好地抑制锌基体的进一步腐蚀[9]。锌的电化学性质在锌的生产和应用中具有重要意义，包括锌的精炼中的电沉积、锌涂层生产中的电镀、能量储存中的电池、腐蚀防护中的涂层和阳极。

2.3.2.1 锌的大气腐蚀机理

锌的腐蚀是个电化学过程，阳极反应：

$$Zn \longrightarrow Zn^{2+} + 2e^- \tag{2.12}$$

在中性溶液中，一般认为是吸氧反应：

$$O_2 + 2H_2O + 4e^- \longrightarrow 4OH^- \tag{2.13}$$

Zn 的阳极溶解一般发生在其表面的缺陷处，腐蚀结果表现为肉眼可见的小孔，而阴极反应则发生在这些小孔的周围。Zn^{2+} 和 OH^- 在小孔周围生成 $Zn(OH)_2$ 沉淀，后者脱水生成 ZnO[10]。在大气环境中，随着 Zn 在大气中暴露时间的延长，氧化锌或氢氧化锌慢慢地转化为各种不同的大气腐蚀产物。

2.3.2.2 锌的大气腐蚀影响因素

和大多数金属一样，环境的湿度对 Zn 的腐蚀影响很大，而且 Zn 对环境中的侵蚀性粒子及其浓度的变化显示出极强的敏感性。Zn 的大气腐蚀同样是个复杂的过程，涉及大量交叉因素，诸如天气条件、空气污染和材料条件，这些因素共同影响 Zn 的腐蚀速率。Zn 在室内环境中腐蚀速率约 $0.1\mu m/a$，而在工业或海洋环境中甚至可以达到 $10\mu m/a$，而锌在乡村大气环境腐蚀速率约为 $0.2\sim 3\mu m/a$。

空气中对锌腐蚀性最强的污染物是二氧化硫。而海边空气中主要的污染物是氯盐。一般而言，距海边 1km 以上，锌的腐蚀速率就接近内地测得的速率。

除了相对湿度、雨量和温度，其他的气候因素，如风和太阳辐照，也会通过影响结露和干燥速度以及污染物和遗留在表面上的腐蚀产物的量进而影响锌的腐蚀速率[11]。基于不同地区环境状态的差异，表 2.7 对纯锌（Zn）典型大气环境腐蚀等级进行统计整理。

表 2.7　纯锌（Zn）典型大气环境腐蚀等级

典型城市	失厚速率/(μm/a)			腐蚀等级
	1a	2a	8a	
武汉	1.9	2.01	1.96	C3
北京	1.69	1.18	1.13	C3
万宁	12.83	10.8	6.42	C5
江津	4.59	2.87	—	C4
西双版纳	4	2.15	0.98	C4
青岛	3.56	2.37	1.87	C4
沈阳	1.85	1.47	1.69	C3
广州	1.84	—	1.49	C3
敦煌	3.82	0.52	0.34	C4
拉萨	0.63	0.46	0.235	C2
漠河	0.66	0.5	0.365	C2
琼海	1.05	1.84	1.51	C3
库尔勒	1.09	0.73	0.59	C3

2.3.2.3　镀锌板选择

锌的标准电位为 $-0.736V$（SHE），当镀在钢铁制件上时，可以对钢铁基体实现牺牲性阳极保护，成为一种理想的阳极性镀层。因此镀锌板被人们广泛应用于工程的各个方面。钢铁制品在服役过程中难免受到撞击、擦伤或必要的切割，使基体表面显露出来，镀锌层的存在能够有效地保护这些裸露部位，使之在较长一段时间内不会严重锈蚀。锌的这种防护特性也使人们直接采用锌及其合金作为牺牲阳极对管道、船舶、钢桩等结构进行阴极保护。

依据所处环境条件及暴露状态，钢表面镀锌层的大气腐蚀是一个包括有多个反应的复杂过程。对于气候环境对镀锌层大气腐蚀的影响来说，应着重考虑金属表面发生干燥-潮湿交替变化的频率。大气腐蚀性物质对镀锌层大气腐蚀的影响应重点考虑 SO_2、H_2S、Cl^- 等有害物质的影响。

电镀锌层作为一种牺牲阳极性保护涂层，主要是通过将发生在钢表面的阳极反应转移到锌表面，从而防止钢铁的腐蚀破坏。在镀锌层作用过程中，锌层不连续处裸露出的基体会加大锌的溶解速度，所以当镀锌层厚度很薄时，镀层很快消耗掉，钢的裸露面积增大，当裸露的钢表面面积增至一定宽度，镀锌层不起有效的阴极保护作用，钢基体开始腐蚀，而这种宽度称为锌的保护距离。环境不同，镀锌层保护距离不同。镀锌层的防护寿命与其厚度有着重要关系，在多数环境下，钢铁制件锌电镀层厚度为 $5\mu m$ 时是不能满足使用要求的，此外针对不同环境采取不同厚度电镀锌层十分重要，如表 2.8 所示（表中 m 表示月)。增加镀锌层厚度可以有效减少或消除镀层的孔隙率并延长防护寿命。以钢基体开始生锈前所经历的时间定为防护寿命,电镀锌厚度对其防护寿命有极大影响,而该厚度对镀锌层本身的抗蚀性能并无多大影响。

表 2.8 典型厚度电镀锌大气环境腐蚀速率

典型城市	镀锌层厚度/μm	腐蚀速率/$(\mu m/a)$				
		12m	24m	36m	60m	108m
北京	5	0.06		0.19		
	12.5	0.10		0.19		
	25	0.07	0.25	0.17	0.26	0.29
	40	0.05	0.17	0.18	0.19	0.32
青岛	5	0.70	1.07			
	12.5	1.62	1.25			
	25	1.50	1.33	1.46	1.33	1.82
	40	1.06	1.20	1.42	1.17	1.62
武汉	5	0.14	0.27			
	12.5	0.19	0.32			
	25	0.13	0.31	0.37	0.39	
	40	0.13	0.33	0.47	0.50	0.58
江津	5	1.77				
	12.5	1.15	1.40			
	25	0.87	1.68	1.38	1.60	1.75
	40	0.98	1.24	1.38	1.72	2.37
广州	5	0.50				
	12.5	0.30	0.64			
	25	0.16	0.32	0.41	1.60	0.67
	40	0.22	0.34	0.42		0.72
琼海	5	0.11				
	12.5	0.22	0.16			
	25	0.18	0.25	0.31	0.29	
	40	0.13	0.21	0.21	0.20	0.26
万宁	5	0.20	0.25			
	12.5	0.31	0.22			
	25	0.24	0.20	0.53	0.46	0.52
	40	0.23	0.18	0.31	0.30	0.41

2.4 基于Q235户外暴露大气腐蚀试验及腐蚀等级

基于以上大气环境特征研究材料腐蚀规律，可以通过Q235裸材试样在外场暴晒试验观察分析户外腐蚀数据。为后续章节中不同加速腐蚀试验的腐蚀数据进行相关性等试验提供数据基础。可进一步了解汽车材料在室外大气暴晒与室内加速腐蚀试验的数据差异。

以北京、武汉、库尔勒（距离吐鲁番约400km）、拉萨、青岛、万宁六地为户外暴露大气腐蚀试验点，用Q235进行长周期户外暴露试验，户外暴晒试验样品均为200mm×100mm×3mm的单板，试验前通过乙醇对表面进行清洁除油处理，并在干燥器24h干燥处理后，通过游标卡尺及天平进行测量称重处理，测量精度0.01mm，称重精度0.001g。通过自封袋真空包装处理后方可运送。户外暴露试样中，材料暴露角度45°，正面朝上，且在北半球时朝南、南半球时朝北，通过绝缘体夹具进行试样固定。经长周期户外暴露后，材料真空包装运输，进行回样处理及腐蚀分析。

2.4.1 Q235钢宏观腐蚀形貌

Q235钢在北京、武汉、库尔勒（距离吐鲁番约400km）、拉萨、青岛、万宁六个地点进行长周期户外暴露大气腐蚀试验，各地点试样宏观形貌如图2.1所示。可以发现，Q235材料基体完全腐蚀且表面被腐蚀产物所覆盖，但拉萨地区仍可以看到部分金属光泽材料基体。各地区腐蚀产物状态略有差异，这与材料在当地暴露环境相关，说明了相同材料在不同地点制定相关环境谱的极大意义。此外，材料在户外暴露试验，面部朝上的正面普遍腐蚀程度优于反面区域，也说明了材料在使用中服役不同区域状态所面临的环境多样性问题。反面腐蚀程度较为严重，这与材料反面的阴潮环境以及雨水无法冲刷相关。

2.4.2 腐蚀数据分析

计算Q235年腐蚀失厚量，得到Q235钢在六个地区1年的腐蚀失厚量数据如表2.9所示（数据来源中国腐蚀与防护网）。该数据说明针对不同地点的大气环境特征，碳钢表现出不同的腐蚀状态，基于此数据与表面腐蚀形貌，将结合不同地区环境特点完成环境谱制定。

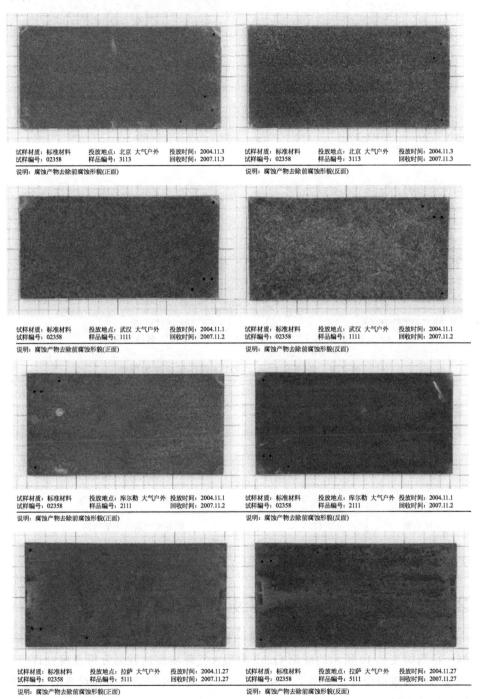

图 2.1

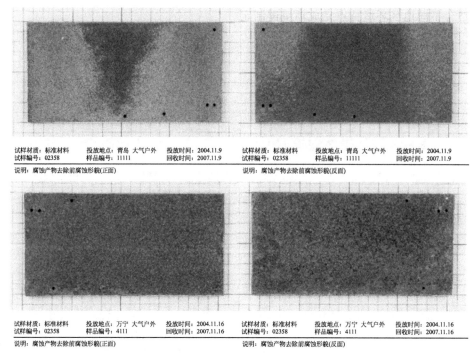

图 2.1　各地区 12 个月 Q235 钢户外暴露大气腐蚀宏观形貌

表 2.9　各地区 12 个月 Q235 钢的年腐蚀失厚量

试验地点	年腐蚀失厚量/μm	环境类别
北京	43.2	温带半湿润季风大陆性气候
青岛	77.8	北温带季风海洋性气候
万宁	98.3	热带季风气候
武汉	56.3	亚热带季风性湿润气候区
库尔勒	12.6	暖温带大陆性干旱气候
拉萨	2.0	高原温带半干旱季风气候

2.4.3　腐蚀规律及腐蚀等级

为制定不同地点碳钢腐蚀环境谱，整合中国腐蚀与防护网 Q235 腐蚀数据，得到如表 2.10 所示的碳钢 Q235 典型大气环境腐蚀数据分析及腐蚀评级。并通过幂函数拟合得到如图 2.2 和图 2.3 所示腐蚀动力学规律和对典型大气环境的腐蚀评级。

第2章 汽车金属材料自然环境暴露试验

表2.10 碳钢Q235典型大气环境腐蚀量

典型城市	失厚量/μm				幂函数拟合 $a=At^n$		腐蚀等级
	1a	2a	5a	8a	A	n	
武汉	58	76	85	92	47	0.39	C4
北京	45	48	55	68	32	0.45	C3
万宁	97	150	210	261	33	1.60	C5
江津	88	98	130	144	83	0.45	C5
西双版纳	19	26	40	56	5	0.54	C2
青岛	79	114	180	230	58	0.57	C4/C5
沈阳	37	44	60	68	17	0.30	C3
广州	53	76	105	128	60	0.48	C3
敦煌	5	8	15	28	35	0.95	C2
拉萨	2	6	10	16	3	0.84	C2
漠河	6	10	25	28	1	0.70	C2
琼海	36	54	85	116	24	1.03	C3
库尔勒	10	21	25	32	4	0.44	C2

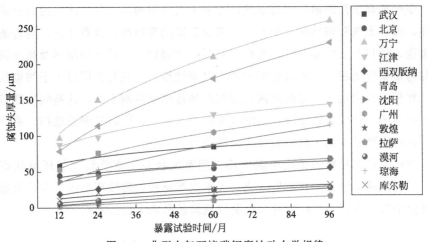

图2.2 典型大气环境碳钢腐蚀动力学规律

在大气环境各种作用因素中，碳钢腐蚀初期大气污染影响较为严重。在万宁和江津，第一年的腐蚀速率分别达到0.097mm/a和0.088mm/a，这是盐粒子和二氧化硫污染加剧腐蚀性的效果。而考虑到碳钢的薄液膜状态，润湿状态与润湿时间也是主要作用因素，在气候干燥、年润湿时间只有2358h的北京地区腐蚀速率仅为0.045mm/a。对比润湿时间与北京完全相反的琼海地区，其

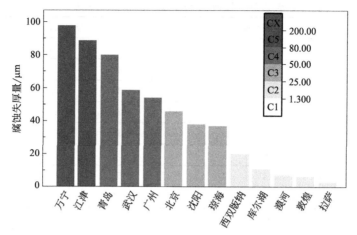

图 2.3 典型大气环境腐蚀等级

润湿时间达到 6314h。但琼海地区初始腐蚀状态相对于北京较好，可能是琼海因为同时存在着高雨量和高日照时数两种情况。琼海高的年降雨量和年日照时数作用下，雨的冲刷作用使薄锈层污染物无法积累，日照又使表面长期处于干燥状态。不同于材料腐蚀初期环境作用状态，长期暴露后万宁大气中碳钢的腐蚀速率明显高于江津地区。与单纯的工业大气环境地区（如江津）的腐蚀速率相比，海洋大气环境地区（如万宁）具有较高的腐蚀性，这意味着，对普通碳钢来说，湿热及高雨量可以在短期内减缓大气腐蚀。但长期的湿热及高雨量作用却与短期作用相反，极大地增大了大气腐蚀性，而且其作用远大于污染的影响。相较于北京地区，琼海地区长周期腐蚀速率也急剧上升，这是因为随着腐蚀逐渐累积，锈层产物变厚，当雨水无法冲入锈层，同时日照被遮挡，累积的吸湿性污染物质提供了材料腐蚀所必需的浸润状态。

此研究说明材料的腐蚀初期与长周期腐蚀状态一直受到大气环境状态影响，其腐蚀速率也在一直发生变化。关于汽车材料的腐蚀环境谱也应从长短周期共同出发，在符合材料户外大气腐蚀规律的基础上进行制定。

参 考 文 献

[1] 刘翀. 工业大气和海洋大气环境的燃机的防腐蚀设计 [J]. 城市建设理论研究（电子版），2013 (10).

[2] 刘玉珍，杨德钧. 腐蚀和腐蚀控制原理 [M]. 北京：中国石化出版社，2007.

[3] Kruger J. Passivity of metals-a materials science perspective [J]. International materials reviews, 1988, 33 (1): 113-130.

[4] 李晓刚，肖葵，董超芳，等. 我国海洋大气腐蚀分级分类与机理 [C] //海洋材料腐蚀与防护大会. 2014.

[5] Sereda P J. Atmospheric Factors Affecting the Corrosion of Steel [J]. Industrial & Engineering Chemistry, 1960, 52 (2): 157-160.

[6] Vernon W H J. A laboratory study of the atmospheric corrosion of metals. Part II.—Iron: the primary oxide film. Part Ⅲ.—The secondary product or rust (influence of sulphur dioxide, carbon dioxide, and suspended particles on the rusting of iron) [J]. Trans Faraday Soc, 1935, 31 (2): 1668-1700.

[7] Allam I M, Arlow J S, Saricimen H. Initial stages of atmospheric corrosion of steel in the Arabian Gulf [J]. Corrosion Science, 1991, 32 (4): 417-432.

[8] Hao L, Zhang S, Dong J, et al. Rusting evolution of MnCuP weathering steel submitted to simulated industrial atmospheric corrosion [J]. Metallurgical and Materials Transactions A, 2012, 43 (5): 1724-1730.

[9] 朱志平, 左禚第, 银朝晖. 锌在模拟工业大气环境下的腐蚀行为研究 [J]. 装备环境工程, 2015, 000 (004): 1-5.

[10] Lindstrom R, Svensson J E, Johansson L G. The atmospheric corrosion of zinc in the presence of NaCl: The influence of carbon dioxide and temperature [J]. Journal of the Electrochemical Society, 2000, 147 (5): 1751-1757.

[11] 章小鸽. 锌和锌合金的腐蚀：一 [J]. 腐蚀与防护, 2006 (01): 44-53.

第 3 章

汽车金属材料室内加速试验

实验室内对汽车零部件进行的腐蚀加速试验，目前按标准体系 ISO、IEC、ASTM、JIS 和 DIN 等有关标准进行，其中中性盐雾试验（NSS）应用比较广泛。虽然 NSS 与实际的自然环境腐蚀的相关性较低，但其仍是被汽车行业普遍认可的腐蚀基础试验。最初盐雾试验的目的是鉴定各种电镀层的质量和保护性能，现在这种试验已经扩展到有机涂层、防锈油脂、金属材料，甚至元件和完全装配好的设备，应用非常广泛。盐雾试验后对材料的破坏程度进行等级划分，可以分为非常轻度、轻度、中度、重度四个等级，通过盐雾试验结果与零部件实际腐蚀情况进行分析，制定零件盐雾腐蚀评价等级。

虽然盐雾试验具有很好的加速性，但其无法模拟高温下干燥湿润转换以及砂尘路况等情况，与实际使用环境腐蚀的相关性较低。因此，近些年来，越来越多的汽车整车厂采用新的循环腐蚀试验取代原有的中性盐雾试验。

循环腐蚀试验是在恒定盐雾试验基础上引入了高温、湿度、低温、干燥等参量，部分标准中还加入了紫外线、氙灯等老化因素，尽可能考虑自然环境中的各种影响因素，旨在提高试验结果与自然环境腐蚀的相关性。循环腐蚀试验由于温度和湿度不断变化，在试验中 NaCl 微粒沉降附着在材料表面后，便迅速吸潮溶解成氯化物的水溶液，在一定的温度和湿度条件下，氯离子通过漆膜、镀层或其他材料的微孔而渗入材料体系内部，从而引起金属基材的腐蚀。循环腐蚀试验一般进行多个循环过程，模拟实际环境中的湿热、干热等极端气候情况，特别是在水分蒸发、盐沉积的试验阶段，干燥的样品表面上盐溶液浓度较高，会导致覆盖层表面腐蚀速率加快。除此之外，样品由湿变干的过程中由于其表面与氧气接触充分,也直接加速了腐蚀反应。

目前,国内外各大汽车厂商已经形成了各自常用的汽车循环腐蚀试验标准,包括国家标准 GB/T 24195—2009(等同采用 ISO 16151)、德国大众汽车标准 PV1210、美国通用汽车标准 GMW14872、美国克莱斯勒汽车标准 SAE J2334(由国际汽车工程师学会汽车腐蚀与防护委员会制定)、日本日产汽车标准 M0158 和上海汽车标准 SMC 30054(等同采用 RES 30.CT.119)。上述几种常用的汽车循环腐蚀试验标准的基本试验阶段基本相似,均包括了盐雾阶段、干燥阶段和湿热阶段。但是,各自标准中所规定的试验参数、边界条件和评价部位及方法存在差异。其中,欧美的试验标准大多采用相同的循环过程,通过不同的循环时间来模拟不同的腐蚀程度;而日系标准则细分腐蚀部位,针对不同的零件制定不同的腐蚀标准,模拟更为真实;国家标准 GB/T 24195—2009 主要是针对金属材料在户外盐污染/酸雨环境下的通用耐蚀性能进行评价。

本章选用汽车常用的金属材料如 Q235 碳钢、DC06 冷轧板、DP600 双相钢和镀锌板,采用常用的中性盐雾试验标准和循环腐蚀试验标准,并对其腐蚀行为、腐蚀规律和腐蚀机制进行分析和研究,从而研究其耐蚀特点。

3.1 中性盐雾试验研究

盐雾试验是模拟海洋大气环境的试验之一,海洋大气环境的特征是大气中存在着大量极其微小的液体小颗粒,这些小颗粒是由盐类化合物和小水滴形成的,其主要的成分是 NaCl,但也有少量的其他盐类化合物,例如 $MgCl_2$、$MgSO_4$ 等,在盐雾的环境下,Cl^- 的穿透能力比较强,能够穿透金属的氧化膜或钝化膜等保护层,加速了金属的腐蚀,外加水分子的渗透、其他阴离子的参与,使得盐雾大气环境下的金属表面形成微观的原电池,加速了金属的腐蚀。由于汽车使用的环境复杂,在自然环境中以中性环境为主,所以本节进行中性盐雾试验。

试验按照中性盐雾试验标准 GB/T 10125—2012 进行。盐溶液采用分析纯 NaCl 和去离子水配制,浓度为 $(5\pm0.1)\%$,盐溶液的 pH 值在 6.5~7.2 之间,试验温度为 35℃±2℃,试验周期为 240h、480h、720h、960h、1200h 和 1440h。材料为 Q235 碳钢、DC06 冷轧板、DP600 双相钢和镀锌板四种,每种材料在不同周期平行样为 4 个。中性盐雾试验后分别对试样进行失重数据处理、腐蚀动力学曲线拟合、宏微观腐蚀形貌观测、电化学分析及腐蚀产物

XRD 测试等。

3.1.1 Q235 和 DC06 钢腐蚀行为研究

3.1.1.1 腐蚀动力学分析

根据试验前测得的试样平均尺寸及试验前后试样的质量及失重率计算公式：

$$\Delta W = \frac{G_0 - G_1}{abc} \quad (3.1)$$

可计算出试样的腐蚀失重。式中，G_0 为试样原始质量；G_1 为试样试后质量；a 为试样长度；b 为试样宽度；c 为试样厚度。

通过对试验数据进行分析，失重与时间的关系符合幂函数规则：

$$\Delta W = At^n \quad (3.2)$$

式中，ΔW 是单位面积的腐蚀失重，g/m^2；t 是试验时间，h；A 和 n 是常数，n 值常作为腐蚀速率或锈层保护性好坏的参考。

根据上述公式作出 Q235 和 DC06 中性盐雾试验不同周期后的失重曲线及拟合曲线如图 3.1 和图 3.2 所示，表 3.1 为式（3.2）中的相关参数。从 R^2（幂函数拟合相关系数）看出曲线拟合相关性较好。由 n 值及整体曲线走势看出，在 1440h 的试验周期内，锈层对基体提供了一定的保护作用，腐蚀失重趋势逐渐减小。

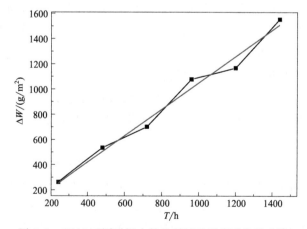

图 3.1 Q235 不同时间中性盐雾试验后腐蚀失重曲线

图 3.1 和图 3.2 中的曲线斜率为 Q235 和 DC06 中性盐雾试验后的腐蚀速

率。可以看出 Q235 腐蚀速率小幅度波动，DC06 前期没有明显变化，后期先增大后减小。从整个周期来看 Q235 和 DC06 腐蚀速率均有所减小。

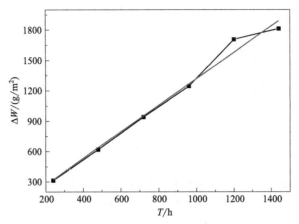

图 3.2　DC06 不同时间中性盐雾试验后腐蚀失重曲线

表 3.1　Q235 和 DC06 中性盐雾试验腐蚀失重曲线拟合相关参数

材料	A	n	R^2
Q235	1.59262	0.94827	0.97407
DC06	2.86327	0.88896	0.99060

3.1.1.2　腐蚀形貌特征

（1）宏观腐蚀形貌

图 3.3、图 3.4 为 Q235 和 DC06 中性盐雾试验不同周期后的腐蚀宏观形貌。由图可知两种材料腐蚀宏观形貌相似。随着试验时间的延长，锈层逐渐变厚，且锈层变厚明显，锈层颜色逐渐变深，粗糙度增加，锈层外层变得疏松且

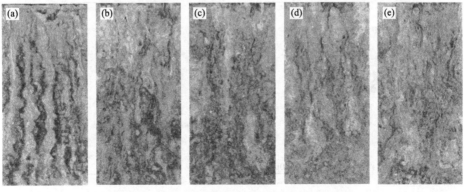

图 3.3　Q235 不同周期盐雾试验后腐蚀宏观形貌
(a) 10d；(b) 20d；(c) 30d；(d) 40d；(e) 50d

发生明显脱落。

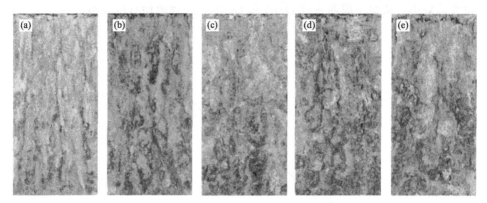

图 3.4 DC06 冷轧板不同周期盐雾试验后腐蚀宏观形貌

(a) 10d；(b) 20d；(c) 30d；(d) 40d；(e) 50d

（2）微观腐蚀形貌

图 3.5 和图 3.6 分别为 Q235 和 DC06 在中性盐雾试验不同周期后的微观腐蚀形貌。从图中可以看出，两种钢试验前期形成的锈层表面形貌多为层片状和团簇状，锈层组成疏松，有较多孔隙和孔洞；层片状可能为 $\gamma\text{-FeOOH}$，针

图 3.5 Q235 不同周期盐雾试验后腐蚀微观形貌（5000 倍）

(a) 10d；(b) 20d；(c) 30d；(d) 40d

状或棒状的团簇可能为 α-FeOOH[1,2]。随着时间的延长，团簇状变多。并且在后期团簇状产物部分相连，形成类似网状。两种钢中性盐雾试验后，不同周期微观形貌差别并不大。

图 3.6　DC06 不同周期盐雾试验后腐蚀微观形貌（5000 倍）
(a) 10d；(b) 20d；(c) 30d；(d) 40d

3.1.1.3　腐蚀产物组成分析

图 3.7 和图 3.8 分别为 Q235 和 DC06 冷轧板在中性盐雾试验不同周期后腐蚀产物的 XRD 图谱，图中横坐标表示衍射谱仪扫描的角度，单位是度，纵坐标表示接收器检测到的计数，表示峰值强弱（intensity），以下相同。从 XRD 分析结果可以看出，两种钢的腐蚀产物均主要由 Fe_3O_4、α-FeOOH、γ-FeOOH、β-FeOOH 组成。随着试验周期的增长，腐蚀产物的主要组成没有变化。α-FeOOH 电化学稳定性良好，它的还原性是羟基氧化铁中最弱的，其在锈层中含量的增加会抑制钢的电化学反应进程，从而降低钢的大气腐蚀速率，对锈层具有一定的保护作用[3,4]。但 γ-FeOOH 对基体并没有保护作用，γ-FeOOH 是不稳定的产物，具有较强的还原性，会增加阴极反应的活性区域，促进钢的基体腐蚀。前期锈层成分中还原性强的 γ-FeOOH 后期转化为化学状态稳定的 α-FeOOH，α-FeOOH 对基体有一定的保护作用。从腐蚀产物组成

上看，DC06 冷轧板和 Q235 并没有明显的区别。

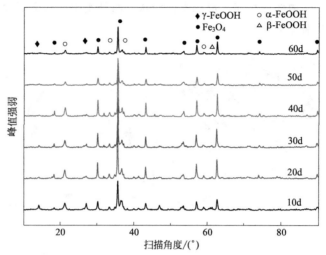

图 3.7　Q235 在不同周期中性盐雾试验后腐蚀产物 XRD 图谱

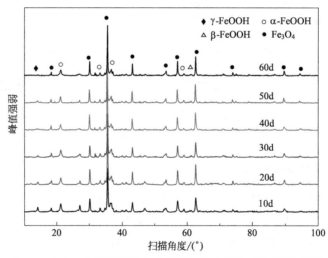

图 3.8　DC06 在不同周期中性盐雾试验后腐蚀产物 XRD 图谱

3.1.1.4　腐蚀电化学分析

图 3.9 和图 3.10 分别为 Q235 和 DC06 在中性盐雾环境中暴露不同时间后在 3.5% NaCl 溶液中的极化曲线，图中横坐标表示电流取对数，单位是 mA/cm^2，纵坐标表示电势，单位是 V，下同。从图中可以看出，两种材料极化曲线形状相似，从表 3.2 中可以看出随着暴露时间的延长，腐蚀电位 E_{corr} 逐渐正移，腐蚀电流密度 I_{corr} 逐渐减小，腐蚀为减缓过程，说明碳钢表面形成的

锈层对基体金属的阳极溶解具有抑制作用，其与 XRD 结论一致。但两种材料对比后可以看出，Q235 的腐蚀速率整体略低于 DC06。

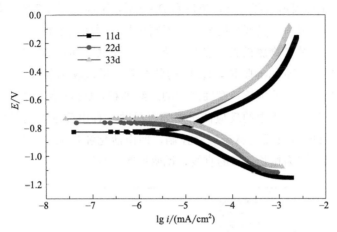

图 3.9　Q235 钢中性盐雾试验不同时间后的极化曲线

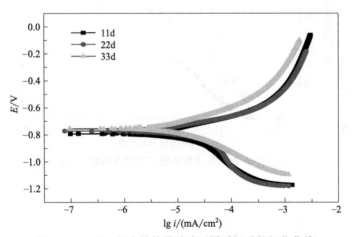

图 3.10　DC06 钢中性盐雾试验不同时间后的极化曲线

表 3.2　DC06 和 Q235 中性盐雾试验极化曲线拟合结果

材料	试验时间	E_{corr}/mV	$I_{corr}/\mu A$
DC06	10d	−799.521	53.237
	20d	−774.153	47.578
	30d	−752.065	26.887
Q235	10d	−808.623	33.436
	20d	−787.243	32.975
	30d	−731.584	21.937

图 3.11、图 3.12 分别为 Q235 和 DC06 在中性盐雾环境中暴露不同时间后在 3.5% NaCl 溶液中的 Nyquist 图，图中横坐标表示实部阻抗，单位是 $\Omega \cdot cm^2$，纵坐标表示虚部阻抗，单位是 $\Omega \cdot cm^2$，下同。可以看出，随着试验周期的增加，两种材料均呈现容抗弧半径不断增加，说明锈层保护作用逐渐增强。随着试样表面腐蚀产物膜的覆盖范围不断扩大，阻抗谱的低频容抗弧已经开始叠加扩散控制的 Warburg 阻抗，Q235 的整个阻抗谱表现为拉长变形的半圆弧，这表明随着腐蚀时间的延长，腐蚀产物的继续堆积，Q235 表面基本已经被腐蚀产物膜覆盖，腐蚀介质中的反应离子要通过扩散过程由腐蚀产物膜的微孔到达膜/基界面，此时电极反应属于混合控制，即由活化和扩散共同控制。而 DC06 的整个阻抗谱表现为拉长变形的直线，说明扩散控制处于主导地位。

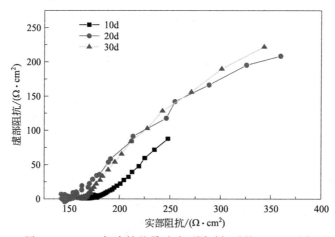

图 3.11　Q235 钢中性盐雾试验不同时间后的 Nyquist 图

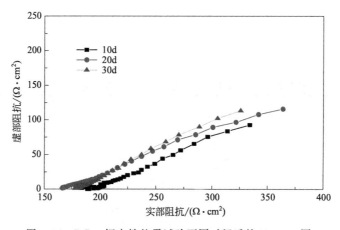

图 3.12　DC06 钢中性盐雾试验不同时间后的 Nyquist 图

3.1.2 镀锌板腐蚀行为研究

3.1.2.1 宏观腐蚀形貌

镀锌板经过中性盐雾 240h、480h、720h、1000h 腐蚀后的宏观腐蚀形貌依次如图 3.13 所示。镀锌板正面的宏观腐蚀形貌显示,镀锌板的腐蚀是以白色斑点开始的,腐蚀发生后逐渐出现不连续的白色斑点,中间区域腐蚀较为严重,边缘次之。随着腐蚀时间的延长,白色斑点越来越多,在腐蚀 120h 后,镀锌板有露出基体的倾向,基体开始发生腐蚀,但暴露面积较少,所以腐蚀比较缓慢,红褐色的铁锈也不明显,在 240h 的时候,白色的氧化锌已经覆盖了镀锌板的正面,这说明锌的腐蚀已经在整个正面发生了,并且有的地方锌已经失去了保护基体的效果,有的基体已经明显暴露,这表明基体已经开始在腐蚀了。

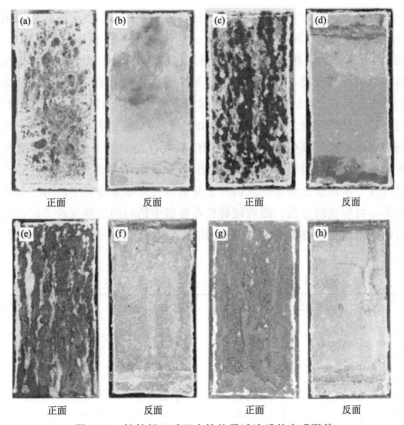

图 3.13 镀锌板正反面中性盐雾试验后的宏观形貌
(a)(b) 240h;(c)(d) 480h;(e)(f) 720h;(g)(h) 1000h

镀锌板的腐蚀在最开始只有少量的白色斑点到最后白色斑点的逐渐增多，有大量白色锌的氧化物保护基体，继而白色锌的氧化物逐渐消失，因为基体受到腐蚀，基体产生的铁锈覆盖在镀锌板上，锌的氧化物逐渐脱落，红锈逐渐增多，白锈减少。并且这些白锈的发生是均匀的，发生在镀锌板的每一个角落，随着腐蚀时间的延长，在480h的时候，锌的腐蚀过程基本结束，此时的腐蚀过程完全是基体在腐蚀，白色氧化锌已经脱落将近一半了，取而代之的是红褐色的氧化铁，反面的腐蚀也逐渐变得严重，但是变化情况不明显，说明在缺乏水分凝结的情况下，腐蚀发生比较缓慢。且反面出现白锈的地方多为边缘部分以及和盐雾箱扶持装置接触的部位。当腐蚀到1000h后，从宏观形貌上看，锌的氧化物基本已经完全脱落了，被铁的氧化物所取代，此时锌保护基体的效果已经完全丧失。

镀锌板的反面背离盐雾箱的直接喷雾，在镀锌板上没有直接的水流形成，镀锌板处于非溶液和非浸润的环境中，腐蚀相对较轻。

3.1.2.2 微观腐蚀形貌

对镀锌板除锈前的微观形貌观察及选定区域能谱图（图中横坐标表示能量energy，单位是keV；纵坐标表示计数counts，cps为每秒计数，下同），其结果如图3.14～图3.17所示。通过对比可以发现，腐蚀的初期，镀锌板微观形貌呈块状，继而会出现一小团一小团茸状的腐蚀产物，在180h左右，腐蚀产物比较疏松，而在240h时，出现了块状的颗粒的腐蚀产物覆盖在试样表面。

当镀锌板试样腐蚀720h左右时，由于腐蚀产物之间应力的作用，明显可以看到裂纹的扩展，其中就有基体碳钢的裂纹存在如图3.18所示。同时镀锌板盐雾试验720h后腐蚀产物中的氧含量低于240h的氧含量，且Fe原子的百分含量升高。出现这种结果的原因可能是镀锌板在盐雾环境中经历了氧化物形成—剥落—再形成的过程。随着镀锌板在盐雾中的时间周期延长，镀锌板的锌层被消耗，基底逐渐裸露出来，造成EDS能谱分析显示的Fe元素的含量升高，如表3.3所示。

表3.3 镀锌板盐雾试验EDS分析结果（质量分数） %

元素	C	O	Fe	Zn	Cl
①	—	16.89	—	66.39	16.71
②	—	16.12	—	67.24	16.64
③	3.76	19.88	9.22	60.11	7.03
④	4.23	23.54	10.58	57.01	4.64
⑤	6.69	33.05	1.46	46.56	12.27
⑥	5.09	27.68	2.32	54.07	10.74
⑦	—	21.83	5.56	57.09	13.8
⑧	1.56	22.04	8.96	53.07	13.94

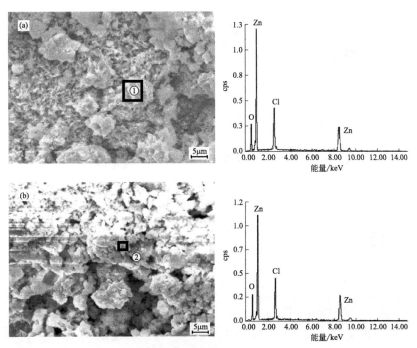

图 3.14 镀锌板盐雾腐蚀 24h 后微观腐蚀形貌

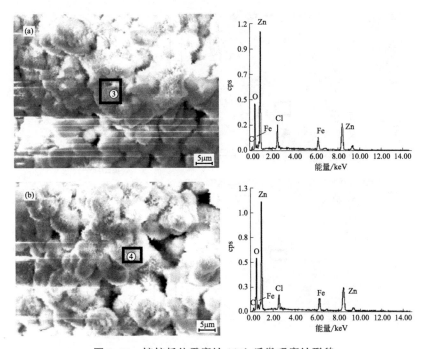

图 3.15 镀锌板盐雾腐蚀 120h 后微观腐蚀形貌

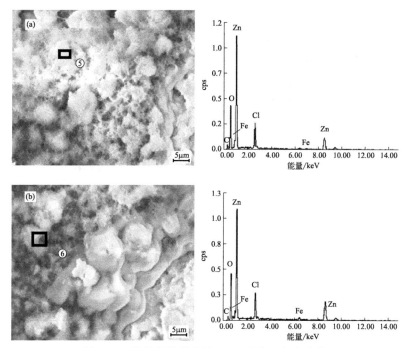

图 3.16　镀锌板盐雾腐蚀 180h 后微观腐蚀形貌

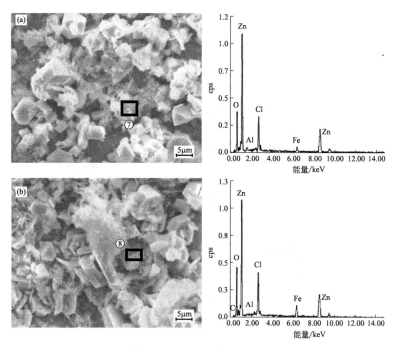

图 3.17　镀锌板盐雾腐蚀 240h 后微观腐蚀形貌

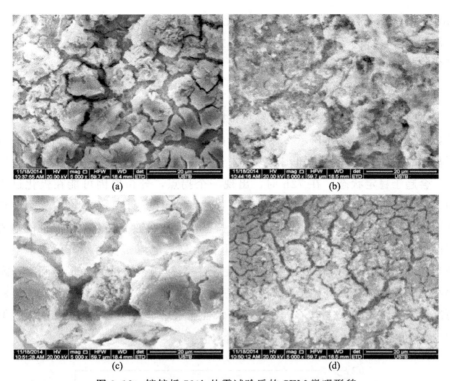

图 3.18 镀锌板 720h 盐雾试验后的 SEM 微观形貌

3.1.2.3 腐蚀产物分析

镀锌板的耐腐蚀性能取决于镀锌层的保护和阴极保护作用,经过不同时段的腐蚀后,对镀锌板试样的腐蚀产物进行 XRD 分析,其结果如图 3.19 所示。由 XRD 分析可知,镀锌板在盐雾试验初期的腐蚀产物主要是锌的氧化物

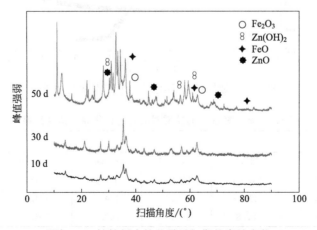

图 3.19 镀锌板中性盐雾后初期的腐蚀产物

ZnO、Zn(OH)$_2$，以及少量的铁的氧化物，随着腐蚀时间的延长，铁的氧化物逐渐增多，锌的氧化物会逐渐脱落，并且逐渐出现锌铁络合物，越往后铁的氧化物越多，并且以铁的氧化物为主。

3.1.2.4 腐蚀电化学分析

对不同试验阶段试验后的镀锌板试样的电化学进行测量，其极化曲线与阻抗如图3.20和图3.21所示，极化曲线拟合结果如表3.4所示。由镀锌板在不同盐雾时间的极化曲线可知，镀锌板未经过腐蚀时，当腐蚀电流达到一定程度时，会趋于稳定状态。在72h时，出现一个拐点，分析原因可能在极化过程中，阴极或有氢离子的吸附，当外加电流达到一定的峰值时，就会有一个电流的波动，也就是出现了拐点。而镀锌板盐雾试验从腐蚀96h开始，腐蚀的电流密度相差不大，腐蚀到120h时，腐蚀电位上移，电流密度有所降低，但当腐蚀到180h时，电位又开始呈现降低的趋势。当镀锌板腐蚀到一定时间，暴露出小区域的基体，便开始了基体碳钢的腐蚀，基体碳钢的腐蚀在水与氧充足的情况下，会不断地失去电子，容易形成水合亚铁离子Fe(H$_2$O)$_6^{2+}$保护膜，但Cl$^-$的存在，会破坏该保护膜，使得腐蚀加速。

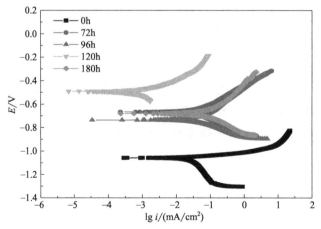

图3.20 镀锌板在不同盐雾时间后的极化曲线

表3.4 镀锌板在不同盐雾时间后的极化曲线拟合结果

腐蚀时间/h	0	72	96	120	180
$E_{corr}(V_{SCE})$	−1.057	−0.737	−0.663	−0.492	−0.682
$I_{corr}/(\mu A/cm^2)$	24.677	45.492	88.98	1.185	84.641
β_c(mV/dec)	296.9	121.1	124.3	484.7	166.3
β_a(mV/dec)	27.8	206.1	208.6	105.4	204.4

注：V_{SCE}表示相对饱和甘汞电极的电极电位，dec表示decade及一个数量级。

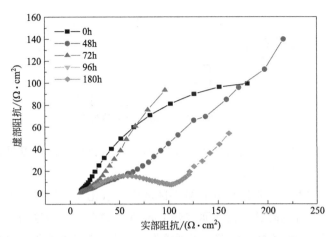

图 3.21　镀锌板在不同盐雾时间后的电化学阻抗谱

在盐雾的试验中，由于镀锌板一直处于潮湿的环境中，并且有大量的氧存在，镀锌板中的 Zn 首先会和大气中的 O_2 形成 ZnO。这便是镀锌板腐蚀发生前膜会增厚，最开始形成白锈的起源，当腐蚀产物 ZnO 形成后，由于喷雾，NaCl 通过沉积作用汇集在试样的表面，持续的喷雾使得试样表面一直处于浸润状态，甚至局部区域近似处于溶液中浸泡的状态。一方面，对于溶液中镀锌板的腐蚀，锌与溶液中的 O_2 发生得失电子关系，形成 Zn^{2+}，而当溶液中存在 Zn^{2+} 时，Zn 会以 Zn^{2+} 的形式进入溶液中，而随着喷雾的持续进行，NaCl 沉积在试样表面，Cl^- 也处于溶液中，溶液中存在着 Zn^{2+} 与 Cl^-，我们便可以把相应的阴极与阳极的腐蚀产物认为是 NaOH 与 $ZnCl_2$。然而，NaOH 与 $ZnCl_2$ 是比较容易溶于水溶液的，当 OH^- 与 Zn^{2+} 结合，便生成 $Zn(OH)_2$。另一方面在镀锌板试样接触到雾状 NaCl 溶液时，锌层作为阳极会优先进行溶解，容易生成碱性氧化物 $Zn(OH)_2$，由于 $Zn(OH)_2$ 比较致密，而 Zn 与 O_2 所形成的另一种腐蚀产物 ZnO 比较疏松，使 $Zn(OH)_2$ 容易向 ZnO 转变，同时，由于浸润状态下，Cl^- 比较活泼，这两种腐蚀产物与 Cl^- 结合，生成 $ZnCl_2$ 和 $Zn_5Cl(OH) \cdot xH_2O$ 等腐蚀产物。

图 3.22 所示为盐雾试验过程中镀锌板的等效电路图。

研究[5]表明，镀锌板在电子转移的过程中，当 Cl^- 含量较少时，Cl^- 是影响腐蚀速率的主要主导因素。随着盐雾试验的进展，Cl^- 的含量会逐渐沉积，不断增加，随着 Cl^- 含量的增加，腐蚀速率加快，Cl^- 促使 Zn 的溶解。当试样中的 Zn 腐蚀到一定程度时，会暴露出基体进行腐蚀，逐渐会出现小阳极与大阴极，此时微小区域的电化学腐蚀加速，此时腐蚀反应所需要的氧需要

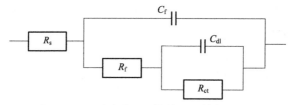

图 3.22 盐雾试验过程镀锌板的等效电路图

不断地从外界吸收,氧的分布不均匀,这也是造成试样长时间腐蚀出现红褐色氧化铁与黑褐色氧化铁的原因。

在盐雾试验时,首先进行的是微小区域内锌氧化膜的增厚、扩张以及破裂的过程。首先最开始时镀锌板表面有若干的 ZnO 膜存在,当这些保护膜与雾状的 NaCl 相遇时,Zn 不断被溶解,不断消失、减少。镀锌板在腐蚀初期,先是一些白色黏稠状腐蚀产物附着在试样的表面。随着试验的进行,在镀锌板的表面形成一种类似 NaCl 的流动溶液,而该溶液对于镀锌板来说,源源不断地提供了 Cl^- 和 O_2,并且该流动的溶液中主要含有的阴阳离子有 Na^+、Zn^{2+}、Cl^- 以及后期形成的 OH^-。在这种情况下,也比较容易发生电荷的转移,腐蚀较快,在同等情况下,形成电偶腐蚀,基体碳钢更容易发生穿孔现象。

对于盐雾过程,镀锌板的腐蚀反应情况大致如下:

$$Zn \longrightarrow Zn^{2+} + 2e^- \tag{3.3}$$

$$2Zn + 2H_2O + O_2 \longrightarrow 2Zn(OH)_2 \tag{3.4}$$

$$2Zn + O_2 \longrightarrow 2ZnO \tag{3.5}$$

$$Zn^{2+} + 2Cl^- \longrightarrow ZnCl_2 \tag{3.6}$$

$$Fe \longrightarrow Fe^{2+} + 2e^- \tag{3.7}$$

$$Fe^{2+} + 2OH^- \longrightarrow Fe(OH)_2 \tag{3.8}$$

$$2Fe(OH)_2 + \frac{1}{2}O_2 + H_2O \longrightarrow 2Fe(OH)_3 \tag{3.9}$$

$$4Fe + 3O_2 \longrightarrow 2Fe_2O_3 \tag{3.10}$$

$$Fe(OH)_3 \longrightarrow FeOOH + H_2O \tag{3.11}$$

$$4Fe_3O_4 + O_2 + 6H_2O \longrightarrow 12FeOOH \tag{3.12}$$

对于阴极的反应:

$$O_2 + 2H_2O + 4e^- \longrightarrow 4OH^- \tag{3.13}$$

3.1.3 双相钢 DP600 腐蚀行为研究

3.1.3.1 腐蚀动力学分析

DP600 钢在中性盐雾试验下的失重情况如图 3.23 所示，试样在 10～20 天的腐蚀速率最快，20～40 天的腐蚀速率减缓。40 天后继续腐蚀，腐蚀速率逐渐增加，说明耐腐蚀较差。DP600 钢在 50 天后失重量持续增加，这一结果表明之后将会继续腐蚀。

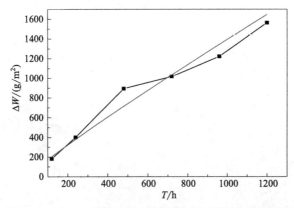

图 3.23　DP600 不同时间中性盐雾试验后腐蚀失重曲线

失重与时间的关系符合幂函数规则：$\Delta W = At^n$，经拟合后结果如表 3.5 所示

表 3.5　拟合方程的各参数值

材料	A	n	R^2
DP600	2.5881	0.9105	0.94767

3.1.3.2 腐蚀形貌特征

DP600 钢在中性盐雾试验中的宏观腐蚀形貌如图 3.24 所示，在盐雾箱中腐蚀 20 天后，腐蚀产物开始加深加厚，由最初 5 天的黄黑色腐蚀产物，变为 10 天的红褐色腐蚀产物，然后到 20 天的黑色腐蚀产物，到 40 天左右时已全部形成黑色腐蚀产物。

图 3.25 为 DP600 钢在中性盐雾下腐蚀试验不同时间后的微观形貌。从图中可以看出，与 DC06 试验结果相似，试验前期形成的锈层表面形貌多为层片状和团簇状，锈层组成疏松，拥有很多缝隙和孔洞。随着时间的延长，层片状

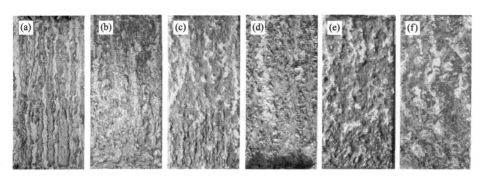

图 3.24 DP600 钢在盐雾腐蚀后的宏观形貌
(a) 5d；(b) 10d；(c) 20d；(d) 30d；(e) 40d；(f) 50d

减少，团簇状变多。并且在后期团簇状产物部分相连，形成类似网状，但空隙依旧存在。与 DC06 相比较，后期形成的团簇状更多。

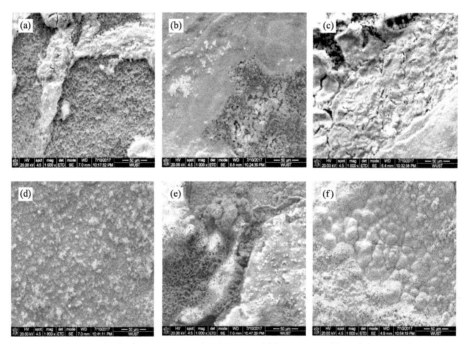

图 3.25 DP600 试样在中性盐雾下随腐蚀周期变化的 SEM 照片
(a) 5d；(b) 10d；(c) 20d；(d) 30 d；(e) 40d；(f) 50d

盐雾腐蚀后试样表面腐蚀物 EDS 分析结果如图 3.26 所示。由图可知：原始试样表面 O 含量最高，来自于 Fe 的氧化物，说明形成的腐蚀产物较多，腐蚀严重。Cl 含量较低，在 EDS 结果中未能显示。

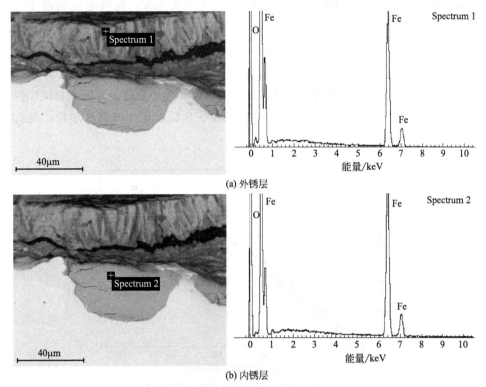

图 3.26 DP600 在腐蚀 50d 后锈层截面对应的能谱分析

3.1.3.3 腐蚀电化学分析

试样在 5%NaCl 溶液中极化曲线如图 3.27 所示。阳极段和阴极段曲线结合处对应电位为试样在 NaCl 溶液中自腐蚀电位，通过 CView2 软件将

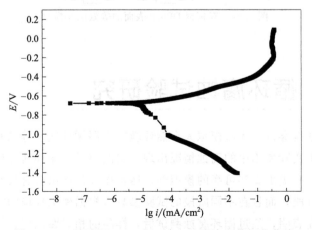

图 3.27 双相钢 DP600 在 5%NaCl 溶液中的极化曲线

Tafel 曲线拟合得到的结果。腐蚀电位 E_{corr} 为 $-0.68V$,腐蚀电流密度 I_{corr} 为 $6.41×10^{-6} A/cm^2$。

图 3.28 是双相钢 DP600 在中性盐雾试验中腐蚀不同时间后的 Nyquist 图。由图可以看出,阻抗谱主要由高频区容抗弧组成。在腐蚀初期,Nyquist 图主要由容抗弧组成;随腐蚀时间的延长,表面腐蚀产物增多并沉积在试样表面,容抗弧先增大后减小。结合双相钢 DP600 在盐雾箱中的腐蚀形貌,提出了以下的等效电路模型(图 3.29)。

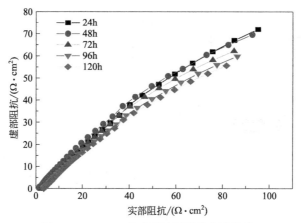

图 3.28 DP600 相应腐蚀周期的交流阻抗

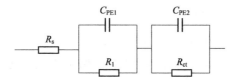

图 3.29 双相钢 DP600 表面的等效电路模型

3.2 循环腐蚀试验研究

由于中性盐雾试验无法模拟大自然环境中干湿循环交替等试验条件,因此往往会与汽车实际使用中的腐蚀情况出现一定的差异。循环盐雾试验相比于中性盐雾试验具有更加真实可靠的模拟性。通常循环盐雾试验有盐雾、干燥、湿润三个条件阶段,而且在不同阶段的试验参数可根据模拟环境的需要进行很好的选择。研究表明,经过循环腐蚀测试后,样品的相对腐蚀率、结构、形态和户外的腐蚀结果更为类似。因此，循环腐蚀测试比传统盐雾喷淋法更接近真实的户外暴露。

本部分循环盐雾试验分别按照大众汽车标准 PV1210、日产工程标准 M0158 的 3 种方法以及福特循环腐蚀标准进行试验。循环盐雾试验后分别对试样进行失重数据处理、腐蚀动力学曲线拟合、宏微观腐蚀形貌观测、电化学分析及腐蚀产物 XRD 测试等。

3.2.1 大众汽车循环腐蚀标准试验研究

3.2.1.1 腐蚀动力学分析

根据腐蚀动力学公式计算腐蚀失重数据并画出 Q235 和 DC06 不同周期循环盐雾试验拟合后的失重曲线（图 3.30 和图 3.31），表 3.6 为拟合相关参数。从 R^2 看出曲线拟合较好，由 n 值及整体曲线走势看出，在 840h 的试验周期内，锈层对基体保护作用有限，腐蚀失重趋势逐渐增大。图中拟合曲线的斜率大小可表示 Q235 和 DC06 的腐蚀速率，可以看出，DC06 试样腐蚀速率先增大，后期腐蚀速率变化不大。Q235 试样腐蚀速率先增大后减小再增大，整体而言有所增大。

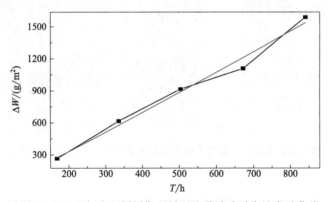

图 3.30　Q235 钢在不同周期下循环盐雾试验后腐蚀失重曲线

表 3.6　DC06 和 Q235 循环盐雾试验下拟合相关参数

材料	A	n	R^2
Q235	1.14977	1.06896	0.98471
DC06	1.52505	1.02246	0.99582

3.2.1.2 腐蚀形貌特征

图 3.32 和图 3.33 分别为 DC06 和 Q235 在循环盐雾试验不同周期后的腐

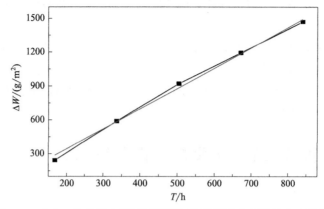

图 3.31　DC06 冷轧板在不同周期下循环盐雾试验后腐蚀失重曲线

蚀宏观形貌。由图可知两种材料腐蚀宏观形貌相似，随着试验时间的延长，锈层逐渐变厚，且锈层变厚明显，锈层颜色逐渐变深，粗糙度增加，锈层外层变得疏松且发生明显脱落。后期锈层有起泡现象。

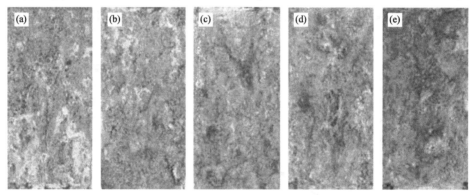

图 3.32　DC06 冷轧板不同周期循环盐雾试验后腐蚀宏观形貌
(a) 7d；(b) 14d；(c) 21d；(d) 28d；(e) 35d

图 3.34 为 DC06 冷轧板在循环盐雾试验不同周期后的扫描电子显微镜下的典型形貌。从图中可以看出，试验前期形成的锈层表面形貌多为团簇状，但间隙中有许多层片状的结构。层片状可能为 γ-FeOOH，团簇状可能为 α-FeOOH[1,2]。随着时间的延长，团簇状变多。并且在后期团簇状产物部分相连，形成类似网状的结构。

图 3.35 为 Q235 在循环盐雾试验不同周期后的扫描电子显微镜下的腐蚀形貌。从图中可以看出，与 DC06 相似，试验前期形成的锈层表面形貌多为层片状和团簇状，锈层组成疏松，拥有很多孔隙和孔洞。层片状可能为 γ-

FeOOH,团簇状可能为 α-FeOOH[1,2]。随着时间的延长,团簇状变多。并且在后期团簇状产物部分相连,形成类似网状,但团簇状依然存在。

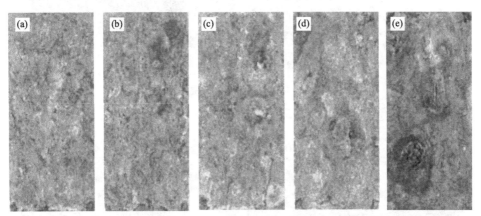

图 3.33 Q235 不同周期循环盐雾试验后腐蚀宏观形貌
(a) 7d; (b) 14d; (c) 21d; (d) 28d; (e) 35d

图 3.34 DC06 不同周期循环盐雾试验后腐蚀微观形貌
(a) 7d; (b) 14d; (c) 21d; (d) 28d

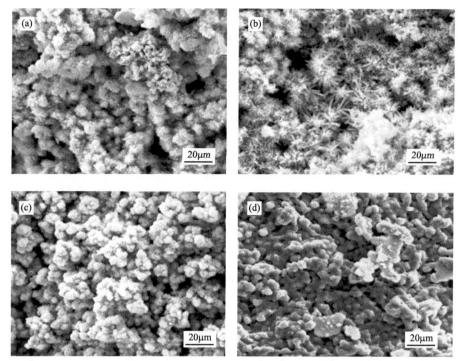

图 3.35 Q235 不同周期盐雾试验后腐蚀微观形貌
(a) 7d；(b) 14d；(c) 21d；(d) 28d

3.2.1.3 腐蚀产物组成分析

图 3.36 为 DC06 在循环盐雾试验不同周期后腐蚀产物的 XRD 图谱。其腐蚀产物主要由 Fe_3O_4、$\alpha\text{-FeOOH}$、$\gamma\text{-FeOOH}$ 组成。随着试验周期的增长，腐蚀产物的主要组成没有变化。$\alpha\text{-FeOOH}$ 电化学稳定性良好，它的还原性是羟基氧化铁物中最弱的，其在锈层中含量的增加会抑制钢的电化学反应进程，从而降低钢的大气腐蚀速率，对锈层具有一定的保护作用[3,4]。但 $\gamma\text{-FeOOH}$ 对基体并没有保护作用，此外 $\gamma\text{-FeOOH}$ 是不稳定的产物，具有较强还原性，会增加阴极反应的活性区域，促进钢的基体腐蚀。锈层的主要组成从分析结果来看为 Fe_3O_4，所以锈层对基体保护作用十分有限。

图 3.37 为 Q235 在循环盐雾试验不同周期后腐蚀产物的 XRD 图谱。从 XRD 分析结果可以看出，腐蚀产物主要由 Fe_3O_4、$\alpha\text{-FeOOH}$、$\gamma\text{-FeOOH}$ 组成。同 DC06 冷轧板的循环盐雾试验类似，随着试验周期的增长，腐蚀产物的主要组成没有变化。锈层的主要组成从分析结果来看为 Fe_3O_4 和 $\gamma\text{-FeOOH}$，所以锈层对基体保护作用有限。从腐蚀产物组成上看，Q235 和 DC06 冷轧板并没有明显的区别。

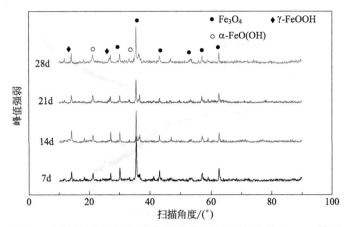

图 3.36 DC06 在循环盐雾试验不同周期后腐蚀产物的 XRD 图谱

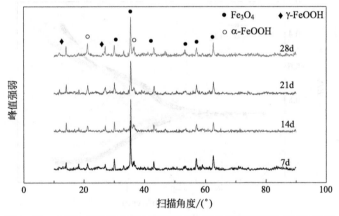

图 3.37 Q235 在循环盐雾试验不同周期后腐蚀产物的 XRD 图谱

3.2.1.4 腐蚀电化学分析

图 3.38 为 DC06 冷轧板在循环盐雾环境中暴露不同时间后在 3.5% NaCl 溶液中的极化曲线。从图中可以看出，随着暴露时间的延长，腐蚀电位 E_{corr} 逐渐负移，腐蚀电流密度 I_{corr} 逐渐增大，说明碳钢表面形成的锈层对基体金属的阳极溶解基本没有抑制作用。

图 3.39 为 Q235 在循环盐雾环境中暴露不同时间后在 3.5% NaCl 溶液中的极化曲线。可以看出，随着暴露时间的延长，腐蚀电位 E_{corr} 先负移后正移，腐蚀电流密度 I_{corr} 逐渐增大，腐蚀为加速过程，说明试样表面形成的锈层基本上没有抑制基体金属的阳极溶解，其与 XRD 结论一致。

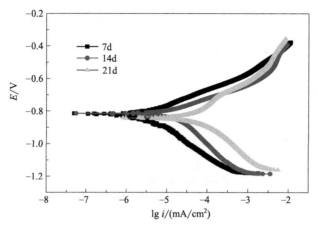

图 3.38　DC06 冷轧板循环盐雾试验不同时间后的极化曲线

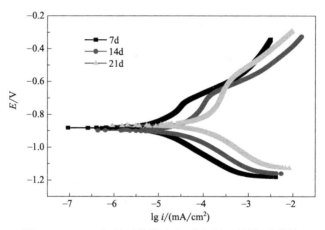

图 3.39　Q235 钢循环盐雾试验不同时间后的极化曲线

表 3.7 所示为 DC06 和 Q235 不同时间循环盐雾试验极化曲线的拟合结果。

表 3.7　DC06 和 Q235 不同时间循环盐雾试验极化曲线拟合结果

材料	试验时间	E_{corr}/mV	$I_{corr}/\mu A$
DC06	7d	−818.591	1.875
	14d	−814.257	22.43
	21d	−843.095	126.887
Q235	7d	−881.523	11.252
	14d	−897.233	61.881
	21d	−867.532	73.845

图 3.40 为 DC06 冷轧板在循环盐雾环境中暴露不同时间后在 3.5% NaCl 溶液中的 Nyquist 图。可以看出,随着试验周期的增加,容抗弧半径不断减小,说明锈层保护作用逐渐减弱。随着试样表面腐蚀产物膜的覆盖范围不断扩大,阻抗谱的低频容抗弧已经开始叠加扩散控制的 Warburg 阻抗,整个阻抗谱表现为拉长变形的半圆弧。这表明随着腐蚀时间的延长、腐蚀产物的继续堆积,表面基本已经被腐蚀产物膜覆盖,腐蚀介质中的反应离子要通过扩散过程由腐蚀产物膜的微孔到达膜/基界面。此时,电极反应属于混合控制,即由活化和扩散共同控制。

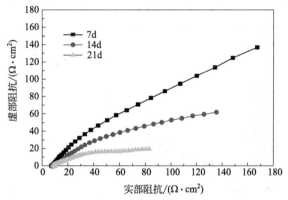

图 3.40　DC06 钢循环盐雾试验不同时间后的 Nyquist 图

图 3.41 为碳钢 Q235 在循环盐雾环境中暴露不同时间后在 3.5% NaCl 溶液中的 Nyquist 图。可以看出,与 DC06 类似,随着试验周期的增加,容抗弧半径不断减小,说明锈层保护作用逐渐减弱。随着试验周期的延长,阻抗谱的低频容抗弧已经开始叠加扩散控制的 Warburg 阻抗,整个阻抗谱表现为拉长变形的直线,说明扩散控制处于主导地位。

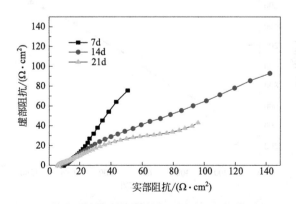

图 3.41　Q235 钢循环盐雾试验不同时间后的 Nyquist 图

3.2.2 日产汽车循环腐蚀标准 1 试验研究

3.2.2.1 腐蚀动力学分析

根据腐蚀动力学公式计算并画出 Q235 和 DC06 不同周期 M0158 第一批标准盐雾试验拟合后的失重曲线（纵坐标表示单位面积的失重数值，单位 g/m^2；横坐标表示实验时间，单位 h），表 3.8 为拟合相关参数。从 R^2 看出图 3.42 中曲线拟合较好，由 n 值及整体曲线走势看出，Q235 在 480h 的试验周期内，锈层对基体有一定的保护作用，腐蚀失重趋势逐渐增大。

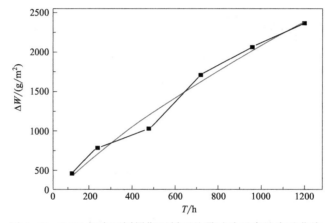

图 3.42　Q235 钢在不同周期下循环盐雾试验后腐蚀失重曲线

DC06 冷轧板的腐蚀失重情况如图 3.43 所示，随着腐蚀天数的增加，DC06 冷轧板初期腐蚀速率较快，之后腐蚀速率变化不大呈匀速腐蚀现象。根

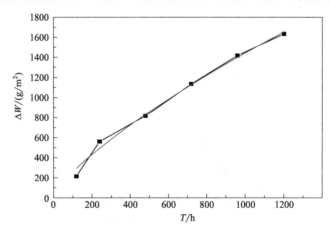

图 3.43　DC06 冷轧板腐蚀动力学曲线

表 3.8　Q235、DC06 和 DP600 循环盐雾（M0158-1）试验腐蚀失重曲线拟合相关参数

材料	A	n	R^2
Q235	11.78366	0.74939	0.97969
DC06	8.0059	0.7519	0.9897
DP600	3.2991	0.9489	0.9886

据其腐蚀动力学计算公式拟合结果，其 n 值小于 1，则腐蚀速率呈下降趋势，R^2 趋近 1 表明拟合相关性较好。

DP600 双相钢的腐蚀失重情况从图 3.44 可知，随着腐蚀天数的增加，DP600 双相钢初期腐蚀速率较慢，10～20 天之间腐蚀速率最大，之后腐蚀速率呈缓慢下降趋势，在 30～50 天之间腐蚀速率再次上升但总体小于 10～20 天的腐蚀速率。根据其腐蚀动力学计算公式拟合结果其 n 值小于 1 则腐蚀速率呈下降趋势，R^2 趋近 1 表明拟合相关性较好。

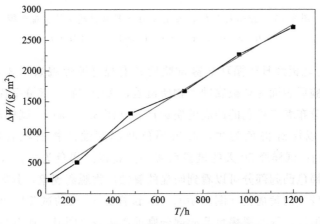

图 3.44　DP600 双相钢腐蚀动力学曲线

Q235 碳钢、DC06 冷轧板和 DP600 双相钢采用日产循环盐雾试验后其腐蚀失重与试验时间符合幂指函数 $\Delta W = At^n$ 规律，n 值分别为 0.74939、0.7519 和 0.9489，均小于 1，因此材料在该循环盐雾条件下腐蚀产物层是具有保护性的。

3.2.2.2　腐蚀形貌特征

Q235 试验结果如图 3.45 所示，其宏观结果表明材料 5 天已经完全被腐蚀产物覆盖但未有明显的腐蚀产物积累；10 天后材料表面已经积累了一层较薄的腐蚀产物，此时腐蚀产物与基体结合力较弱，发生明显的剥离现象，材料边上的腐蚀产物脱落；20 天后腐蚀产物已经产生较多沉积，并且与基材结合力

较强，不再发生自然剥离现象，材料表面开始出现沉积不均匀现象；30 天腐蚀产物量进一步增加，腐蚀产物以黄褐色为主；40 天腐蚀产物量未发现明显增多，同时腐蚀产物以黄褐色为主；50 天后腐蚀产物表面主要以黄褐色为主，周围腐蚀产物发生少量脱落，底层腐蚀产物以黑色为主。

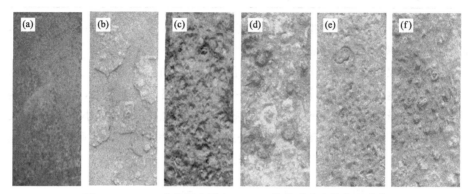

图 3.45　Q235 冷轧板表面在 M0158 盐雾试验中的宏观形貌
(a) 5d；(b) 10d；(c) 20d；(d) 30d；(e) 40d；(f) 50d

DC06 冷轧板经日产循环盐雾试验后其宏观腐蚀形貌如图 3.46 所示，试样经 5 天试验后表面完全被腐蚀产物所覆盖，腐蚀产物大部分呈深红褐色，在其上不均匀分布着黑褐色的凸起的腐蚀产物 [图 3.46(a)]；试样经 10 天试验后表面仍然以深红褐色为主，其黑褐色凸起腐蚀产物面积有明显的增加 [图 3.46(b)]；试样经 20 天的试验后腐蚀产物以红褐色为主，且变得极不平整，原来黑褐色凸起部分可以看到明显的腐蚀产物脱离现象，其脱落后的腐蚀产物颜色呈较浅的黄褐色 [图 3.46(c)]；试样经 30 天的试验后表面红褐色部分颜色明显加深，同时黑褐色凸起部分腐蚀产物脱落明显，脱落后的腐蚀产物呈黑色，表面腐蚀层变得极不平整 [图 3.46(d)]；试样经 40 天试验后腐蚀产物颜色明显加深，同时部分腐蚀产物从基板上脱落 [图 3.46(e)]；试样经 50 天试验后腐蚀产物不平整性加剧，同时大量的腐蚀产物从基板上脱落 [图 3.46(f)]。

DP600 双相钢经日产循环盐雾试验后其宏观腐蚀形貌如图 3.47 所示。试样经 5 天试验后表面完全被腐蚀产物所覆盖，腐蚀产物大部分呈深红褐色，在其上不均匀分布着黑褐色的凸起的腐蚀产物 [图 3.47(a)]；试样经 10 天试验后表面仍然以深红褐色为主，其黑褐色凸起腐蚀产物面积有明显的增加 [图 3.47(b)]；试样经 20 天的试验后腐蚀产物以红褐色为主，且变得极不平整，原来黑褐色凸起部分可以看到明显的腐蚀产物脱离现象，其脱落后的腐蚀产物颜色呈较浅的黄褐色 [图 3.47(c)]；试样经 30 天的试验后表面红褐色部分

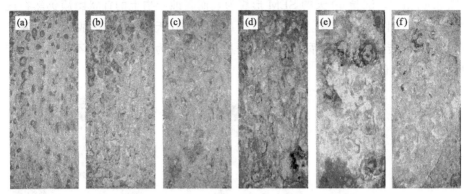

图 3.46 　DC06 冷轧板表面在日产循环盐雾试验中的宏观形貌
(a) 5d；(b) 10d；(c) 20d；(d) 30d；(e) 40d；(f) 50d

颜色明显加深，同时黑褐色凸起部分腐蚀产物脱落明显，脱落后的腐蚀产物呈黑色，表面腐蚀产物变得极不平整 [图 3.47(d)]；试样经 40 天试验后腐蚀产物颜色明显加深，同时部分腐蚀产物从基板上脱落 [图 3.47(e)]；试样经 50 天试验后腐蚀产物不平整性加剧，同时大量的腐蚀产物从基板上脱落 [图 3.47(f)]。

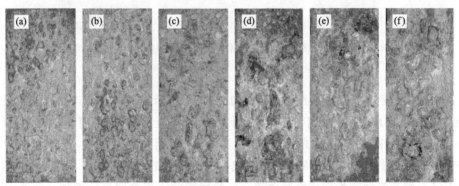

图 3.47 　DP600 双相钢表面在日产循环盐雾试验中的宏观形貌
(a) 5d；(b) 10d；(c) 20d；(d) 30d；(e) 40d；(f) 50d

　　DC06 腐蚀产物表面的微观形貌如图 3.48 所示：试样经日产循环盐雾试验 5 天的 SEM 形貌是腐蚀产物为针状团簇，上有颗粒状腐蚀产物生成 [图 3.48(a)]；试验 10 天的 SEM 形貌为表面生成针状腐蚀产物，较底层腐蚀产物为不规则分布，上层腐蚀产物形成针状团簇 [图 3.48(b)]；试验 20 天的 SEM 形貌为腐蚀产物形成针状团簇，针状团簇的体积有明显的增加 [图 3.48(c)]；试验 30 天的 SEM 形貌为表面腐蚀产物上的针状团簇逐渐向棉球状团簇发生转变，表层团簇中针状团簇较多，故此转变是由腐蚀层下方开始发生的

[图 3.48(d)];试验 40 天的 SEM 形貌为表面腐蚀产物上的针状团簇仍然在逐渐向棉球状团簇发生转变 [图 3.48(e)];试验 50 天的 SEM 形貌为表面腐蚀产物已全部转变为棉团状腐蚀产物,并且开始聚集为更大体积的不规则腐蚀产物 [图 3.48(f)]。

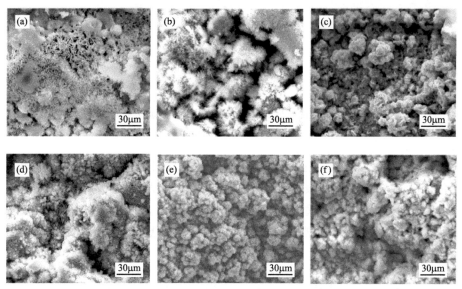

图 3.48 DC06 冷轧板表面在日产循环盐雾试验后腐蚀产物的微观形貌
(a) 5d;(b) 10d;(c) 20d;(d) 30d;(e) 40d;(f) 50d

DP600 腐蚀产物表面的微观形貌如图 3.49 所示。试样经日产循环盐雾试验 5 天的 SEM 形貌是腐蚀产物为针状团簇,上有颗粒状腐蚀产物生成 [图 3.49(a)];试验 10 天的 SEM 形貌为表面生成针状腐蚀产物,较底层腐蚀产物为不规则分布,上层腐蚀产物形成针状团簇 [图 3.49(b)];试验 20 天的 SEM 形貌为腐蚀产物形成针状团簇,针状团簇的体积有明显的增加 [图 3.49(c)];试验 30 天的 SEM 形貌为表面腐蚀产物上的针状团簇逐渐向棉球状团簇发生转变,表层团簇中针状团簇较多,故此转变是由腐蚀层下方开始发生的 [图 3.49(d)];试验 40 天的 SEM 形貌为表面腐蚀产物上的针状团簇仍然在逐渐向棉球状团簇发生转变 [图 3.49(e)];试验 50 天的 SEM 形貌为表面腐蚀产物已全部转变为棉团状腐蚀产物,并且开始聚集为更大体积的不规则腐蚀产物 [图 3.49(f)]。

3.2.2.3 腐蚀电化学分析

图 3.50 为 DC06 冷轧板在日产循环盐雾试验条件下的阻抗谱拟合数据,

图 3.49　DP600 双相钢表面在日产循环盐雾试验后腐蚀产物的微观形貌
(a) 5d；(b) 10d；(c) 20d；(d) 30d；(e) 40d；(f) 50d

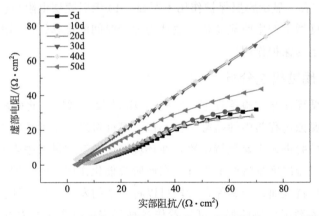

图 3.50　DC06 冷轧板日产循环盐雾试验不同时间的 Nyquist 图

为了更好地研究 DC06 冷轧板在模拟海洋大气环境下的阻抗特点，采用 ZsimpWin 软件对其交流阻抗进行拟合，根据实际试验结果本试验最佳的拟合等效电路如图 3.51 所示，拟合数据如表 3.9 所示。在等效电路图中等效元件 R_s 表示溶液电阻；Q_1 表示双电层电容；n_1 为常相位角指数，表示弥散效应程度，本试验 n_1 的范围在 0.51～0.85；R_r 代表腐蚀产物膜电阻；W 代表 Warburg 半无限扩散阻抗。

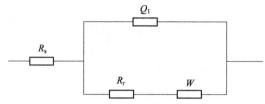

图 3.51 DC06 的阻抗等效电路图

表 3.9 等效电路拟合元件值

项目	5d	10d	20d	30d	40d	50d
$R_s/(\Omega \cdot cm^2)$	1.224	3.617	2.569	5.108	3.113	3.411
Q_1	8.7×10^{-3}	7.98×10^{-3}	1.083×10^{-2}	1.403×10^{-2}	1.2×10^{-2}	1.05×10^{-2}
n_1	0.8	0.8	0.800	0.800	0.8	0.526
$R_r/(\Omega \cdot cm^2)$	146.6	197.8	8.857	11.54	118.1	167.5
$W/(10^{-3}\Omega \cdot cm^2)$	3.571	3.747	5.926	2.866	5.153	3.747

拟合数据（表 3.9）的结果表明，最初 5 天的数值拟合的膜电阻 R_r 为 146.6Ω·cm², 10 天时膜电阻随时间增加电阻也增加，20 天后膜电阻下降到 10Ω·cm² 左右，显示膜层保护作用不明显；40 天后膜层电阻再次增加，证明随着锈层厚度增加产生明显变化，故认为随着时间的推移锈层厚度的增加可对基体产生一定的保护作用。

3.2.2.4 腐蚀机制分析

在日产循环盐雾试验条件下，首先为 4h 的盐雾试验，此阶段与中性盐雾试验相同，腐蚀过程与中性盐雾条件类似，腐蚀机理与中性盐雾类似。随着试验的进行，试验进入干燥保持阶段，在环境温度转变的过程中表面水膜量逐渐减少，故相对盐浓度量将明显提升，在此阶段催化作用将明显增加。之后盐离子将沉积在材料表面，干燥保存阶段可以将腐蚀的发生忽略不计。

再次进入潮湿保持阶段，可以看作是材料表面沉积的盐粒发生吸水，形成高浓度的盐浓度环境，在金属基材表面易形成氧浓度差，加速了腐蚀的进行。溶液覆盖中心区域形成腐蚀产物 Fe^{2+}，同时边缘形成腐蚀产物 OH^-，在静电的作用下，Cl^- 会向中心区移动，Na^+ 在边缘，故整体边缘变为碱性条件，改变液滴边缘张力，使液滴边界向前推进。由于盐沉积量的差异，造成了腐蚀速率的明显差异，故在黄褐色腐蚀产物上存在一定黑色岛状腐蚀产物（图 3.52）。

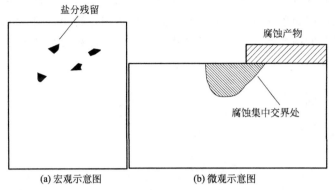

图 3.52 腐蚀微电池示意图
(a) 宏观示意图　(b) 微观示意图

3.2.3 日产汽车循环腐蚀标准 2 试验研究

3.2.3.1 腐蚀形貌特征

通过循环盐雾腐蚀试验，Q235 在不同的腐蚀周期条件下的宏观形貌如图 3.53 所示，在腐蚀周期为 5d 时，腐蚀产物已经完全覆盖材料表面，同时从 5～20d 的锈层比较致密，30～50d 后锈层逐步变得疏松，腐蚀产物颗粒变得粗大，腐蚀产物颜色也逐步从深灰色转变成黄褐色。到 40d 时，锈层与材料基体开始出现脱落现象，50d 后，材料腐蚀最严重，不仅腐蚀产物粗大、锈层脱落，腐蚀产物颜色也由深灰色转变成黄褐色，同时伴随有黑色腐蚀产物。

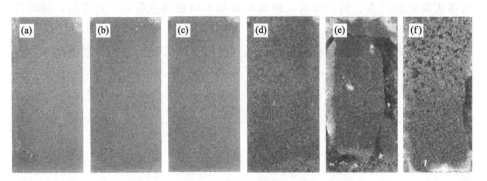

图 3.53 Q235 不同腐蚀周期下的宏观形貌
(a) 5d；(b) 10d；(c) 20d；(d) 30d；(e) 40d；(f) 50d

在循环盐雾试验中，DC06 在不同腐蚀周期条件下的腐蚀宏观形貌如图 3.54 所示，在腐蚀周期为 5d 时，腐蚀产物没有完全覆盖材料表面，可以明显看到在中心区域有较大面积材料基体裸露，到 10d 后，材料基体则完全被锈层覆盖。从锈层颜色来看，总体上有灰黑色向黄褐色转变，到 50d 时材料表面基本为黄褐色腐蚀产物，同时腐蚀产物由致密锈层向粗大颗粒状转变，没有发生锈层脱落现象。

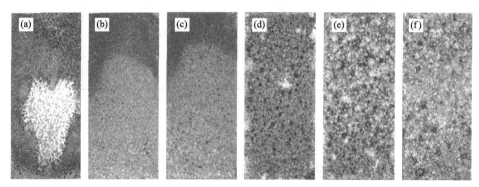

图 3.54　DC06 不同腐蚀周期下的宏观形貌
(a) 5d；(b) 10d；(c) 20d；(d) 30d；(e) 40d；(f) 50d

通过循环盐雾腐蚀试验，DP600 在不同的腐蚀周期条件下的宏观形貌如图 3.55 所示，在腐蚀周期为 5d 时，腐蚀产物已经完全覆盖材料表面，同时从 5~10d 的锈层比较致密，20~50d 后锈层逐步变得疏松，腐蚀产物颗粒变得粗大，腐蚀产物颜色也逐步从深灰色转变成黄褐色。在 20d 时，材料表面形成一层脆而薄的锈层并且部分区域与材料基体脱落，30d 后，材料腐蚀进一步加剧，材料表面锈层出现裂纹并伴随脱落现象，到 40d 和 50d 时，材料表面锈层脱落现象更加严重。到 50d 时，材料表面基本被黄褐色腐蚀产物覆盖，同时伴有黑斑。

通过循环盐雾腐蚀试验，镀锌板 DZ56D+Z 在不同的腐蚀周期条件下的宏

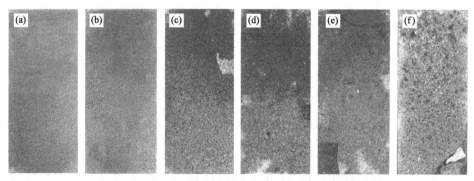

图 3.55　DP600 不同腐蚀周期下的宏观形貌
(a) 5d；(b) 10d；(c) 20d；(d) 30d；(e) 40d；(f) 50d

观形貌如图 3.56 所示,在腐蚀周期为 5d 时,基体材料被表面镀锌层保护,表面出现白锈,到 10d 时锌层进一步被破坏而减少,白锈也在不断减少。到 20d 后,材料表面腐蚀加剧,在材料底部出现明显的黄褐色腐蚀产物,白锈不断转变成红锈,说明锌层对材料基体的保护性不断降低。从 20~50d 时,腐蚀产物不断向中心区域扩展直至完全覆盖金属材料表面。到 50d 时,材料表面锈层完全转变为红锈并且有黑色的腐蚀产物,此时锌层完全被腐蚀,导致材料基体没有保护物质而被完全腐蚀,但并未出现锈层脱落现象,说明镀锌的材料(DZ56D+Z)其抗蚀性能相比裸材 DC06 较好。

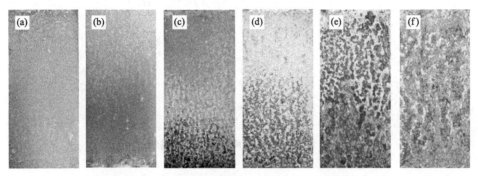

图 3.56 镀锌板不同腐蚀周期下的宏观形貌
(a) 5d;(b) 10d;(c) 20d;(d) 30d;(e) 40d;(f) 50d

通过扫描电子显微镜(SEM)对 Q235 钢表面腐蚀产物进行微观形貌观察发现,在试验 5d 时,试样表面腐蚀产物局部区域形成了层片状腐蚀产物,其他区域较为致密,同时腐蚀产物表面有轻微裂纹;试验 10d 后,层片状腐蚀产物明显增加且更加密集;试验 20d 后,试样表面腐蚀产物形貌变化不大,腐蚀产物仍为层片状,但在相同倍数下其尺寸更大;试验 30d 和 40d 时试样表面腐蚀产物也基本为层片状,同时还伴有少量的针状腐蚀产物,局部区域有轻微裂纹;在试验 50d 后,试样表面腐蚀产物形貌以团簇状为主,腐蚀产物结构疏松多孔,从而导致试样腐蚀程度进一步增加。不同试验周期下试样表面腐蚀微观形貌如图 3.57 所示。

通过扫描电子显微镜(SEM)对 DC06 试验样板进行微观形貌观察发现,在 5d 时,材料的腐蚀产物有一半区域生成片状,同时中间区域有明显较大尺寸裂纹;在 10d 时,材料表面基本完全被花片状腐蚀产物所覆盖且密集;从 20~40d 材料的腐蚀产物均以花片状为主,花片状腐蚀产物由密集性向疏松性转变,同时有少数团簇状腐蚀产物;到 50d 时,材料表面腐蚀产物为花片状,同时还有一些白色颗粒。总体上看材料的腐蚀速率较慢,但腐蚀进程仍在进一

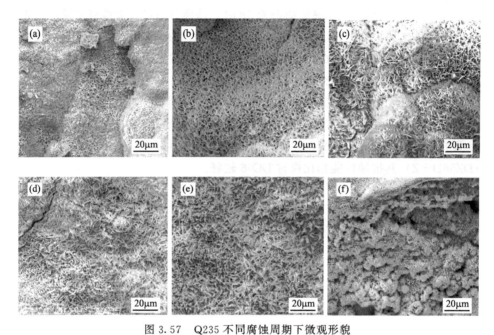

图 3.57 Q235 不同腐蚀周期下微观形貌
(a) 5d；(b) 10d；(c) 20d；(d) 30d；(e) 40d；(f) 50d

步发生，材料微观腐蚀形貌如图 3.58 所示。

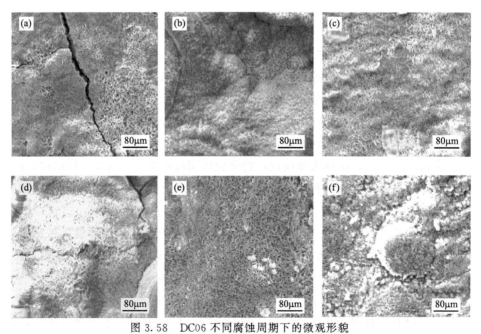

图 3.58 DC06 不同腐蚀周期下的微观形貌
(a) 5d；(b) 10d；(c) 20d；(d) 30d；(e) 40d；(f) 50d

通过扫描电子显微镜（SEM）对 DP600 试验样板进行微观形貌观察发现，在 5d 时，材料的腐蚀产物形状呈片状或针尖状，同时中间区域有明显裂纹；在 10d 时，材料表面腐蚀产物被花片状腐蚀产物所覆盖，而且中间区域有较多腐蚀裂纹；在 20d 时，材料右半部为花片状腐蚀产物，左半部则有并不明显的团簇状腐蚀产物；30d 时，材料表面在花片状腐蚀产物的基础上转变成针尖状腐蚀产物；40d 时，材料的腐蚀产物以花片状腐蚀产物为主且密集；50d 后，材料表面有明显的团簇状腐蚀产物，材料微观腐蚀形貌如图 3.59 所示。

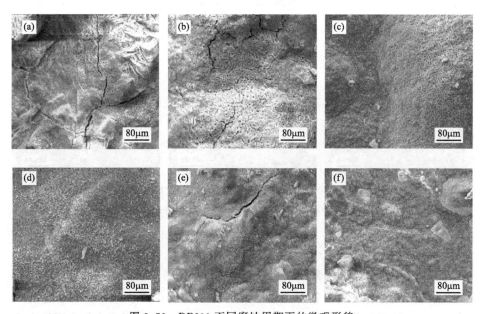

图 3.59 DP600 不同腐蚀周期下的微观形貌
(a) 5d；(b) 10d；(c) 20d；(d) 30d；(e) 40d；(f) 50d

通过扫描电子显微镜（SEM）对镀锌板 DZ56D＋Z 试样板材进行微观形貌观察（图 3.60）发现，在 5d 时，所观察区域发现花片状及针尖状腐蚀产物，同时上半部区域还有少数致密的氧化膜；到 10d 后，所观察区域出现团簇状腐蚀产物，同时还有针尖状腐蚀产物以及氧化膜；到 20d 后所观察区域腐蚀产物大部分为针尖状和花片状腐蚀产物，有少数致密的氧化膜，同时腐蚀产物出现断裂现象；在 30d 时，上半部区域腐蚀产物形貌较疏松，中间区域为片状和针尖状腐蚀产物，下部分区域为初生花片状腐蚀产物，该区域锌层大部分被破坏；40d 所观察区域腐蚀产物基本为致密的氧化膜，少数锌层破坏区域生长出花片状腐蚀产物；到 50d 后，可以看到所观察区域锌层大部分被破坏成疏松状,边缘区域有划片状和针尖状腐蚀产物。

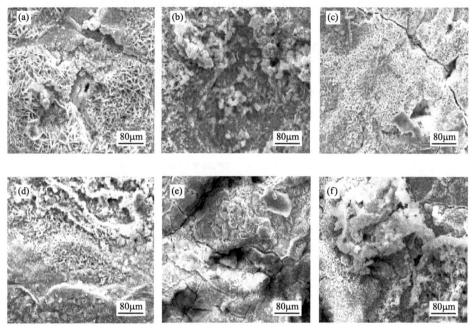

图 3.60 镀锌板不同腐蚀周期下的微观形貌
(a) 5d; (b) 10d; (c) 20d; (d) 30d; (e) 40d; (f) 50d

3.2.3.2 腐蚀动力学分析

将经过室内循环加速腐蚀试验的试样按标准进行除锈处理并称重后,根据腐蚀动力学计算出试验各周期的腐蚀失重量数据并绘制腐蚀失重曲线(表 3.10);再通过幂指数函数对车侧身 Q235 试样进行数据拟合得出腐蚀失重与时间的关系曲线(图 3.61),并求出拟合相关系数。根据腐蚀动力学可知,通过幂指数函数拟合得出试样腐蚀寿命预测模型为: $\Delta W = 3.8531 T^{0.8861}$。表 3.11 为相关参数,从 R^2 看出拟合相关系数为 0.9766,因此曲线拟合相关性较好。另外 n 值小于 1,腐蚀失重趋势逐渐减小,腐蚀速率逐步降低,说明腐蚀产物对材料的腐蚀具有一定保护性。从腐蚀失重曲线图可以发现,随着腐蚀试验时间的增加,试样的腐蚀失重量不断增加,说明试样腐蚀程度不断加剧,在 720~960h 间,腐蚀失重量曲线变化有所减缓,说明此时试样表面锈层对基体有一定的保护作用。根据腐蚀速率曲线可以发现,其变化趋势是先逐步增加,在 720h 后逐步降低,这进一步可以说明试验在 720h 时,试样表面锈层对基体有较好的保护性。

表 3.10　Q235 钢在循环盐雾试验下腐蚀失重数据　　单位：g/m²

时间	5d	10d	20d	30d	40d	50d
失重量	174.1	427.2	940.8	1483.2	1631.9	2028.1

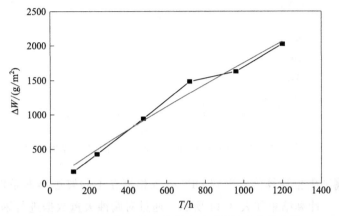

图 3.61　Q235 钢经循环盐雾试验后腐蚀动力学曲线

表 3.11　Q235 循环盐雾（M0158-2）试验腐蚀失重曲线拟合相关参数

材料	A	n	R^2
Q235	3.8531	0.8861	0.9766

根据腐蚀动力学公式计算腐蚀失重数据（表 3.12），画出 DC06 不同周期循环盐雾试验拟合后的失重曲线，表 3.13 为拟合相关参数。从 R^2 看出曲线拟合较好，由 n 值及整体曲线走势看出，n 值均小于 1，腐蚀失重趋势逐渐减小，说明腐蚀产物对材料的腐蚀具有一定保护性。图 3.62 中拟合曲线斜率为对应 DC06 腐蚀速率，可以看出，DC06 试样腐蚀速率先增大后减小，后期腐蚀速率变化不大。

表 3.12　DC06 在不同腐蚀周期下的腐蚀失重原始数据　　单位：g/m²

时间	5d	10d	20d	30d	40d	50d
失重量	165.22	391.17	873.35	1174.28	1468.49	1939.10

表 3.13　DC06 循环盐雾（M0158-2）试验腐蚀失重曲线拟合相关参数

材料	A	n	R^2
DC06	2.18204	0.95526	0.99156

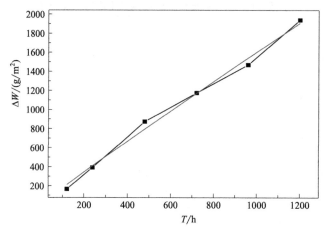

图 3.62 DC06 钢经循环盐雾试验后腐蚀动力学曲线

利用腐蚀失重计算公式得到 DP600 双相钢在不同腐蚀周期条件下的腐蚀失重量 ΔW,计算结果如表 3.14 所示。通过对腐蚀失重数据进行幂指数拟合,表 3.15 为相关参数,从图 3.63 中可以看出其拟合公式为:$\Delta W = 4.88871 t^{0.82409}$,拟合因子 $R^2 = 0.99508$,其 n 值小于 1,说明腐蚀产物对材料的腐蚀具有一定保护性。另外,通过拟合曲线斜率也可以看出,DP600 的腐蚀速率也是先增大后减小。

表 3.14 DP600 双相钢在不同腐蚀周期下的腐蚀失重原始数据

单位:g/m^2

时间	5d	10d	20d	30d	40d	50d
失重量	242.69	398.54	847.61	1099.94	1416.46	1666.44

表 3.15 DP600 循环盐雾(M0158-2)试验腐蚀失重曲线拟合相关参数

材料	A	n	R^2
DP600	4.88871	0.82409	0.99508

利用腐蚀失重计算公式得到镀锌板试样在不同腐蚀周期条件下的腐蚀失重量 ΔW,计算结果如表 3.16 所示,表 3.17 为相关参数。通过对腐蚀失重数据进行幂指数拟合,从图 3.64 中可以看出其拟合公式为:$\Delta W = 6.03944 t^{0.53721}$,拟合因子 $R^2 = 0.67917$,其 n 值小于 1,说明腐蚀产物在前期对材料的腐蚀具有一定保护性。另外,通过拟合曲线斜率也可以看出,镀锌板的腐蚀速率前期很小,但后期随着锌的保护不断减弱,腐蚀速率也在不断增加。

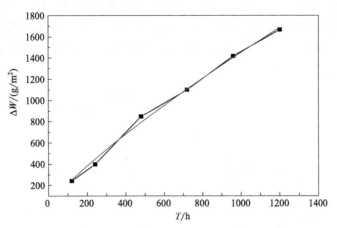

图 3.63　DP600 钢经循环盐雾试验后腐蚀动力学曲线

表 3.16　镀锌板在不同腐蚀周期下的腐蚀失重原始数据　单位：g/m^2

时间	5d	10d	20d	30d	40d	50d
失重量	124.95	125.16	135.23	150.27	250.65	308.86

表 3.17　镀锌板循环盐雾（M0158-2）试验腐蚀失重曲线拟合相关参数

材料	A	n	R^2
镀锌板	6.03944	0.53721	0.67917

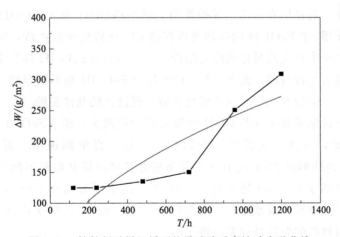

图 3.64　镀锌板试样经循环盐雾试验后腐蚀动力学曲线

3.2.3.3　腐蚀产物分析

利用 XRD 技术，对 Q235 材料腐蚀周期为 240h、720h 及 1200h 的腐蚀产物进行分析，图 3.65 为 Q235 钢在循环盐雾加速腐蚀试验中，不同腐蚀周期后腐蚀产物的 XRD 图谱。从图 3.65 中分析得出，Q235 钢的主要腐蚀产物为 Fe_3O_4、α-FeOOH、γ-FeOOH 以及 β-FeOOH，这与实际海洋大气环境下 Q235 钢的腐蚀产物相同。

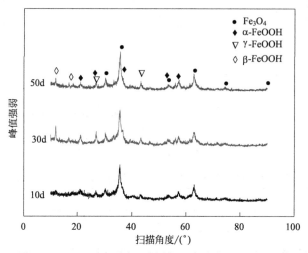

图 3.65　Q235 钢不同试验周期下腐蚀产物 XRD 图谱

腐蚀产物中 α-FeOOH 电化学稳定性良好，它的还原性是羟基氧化铁物中最弱的，其在锈层中含量的增加会抑制钢的电化学反应进程，从而降低钢的大气腐蚀速率，对锈层有一定的保护作用。但 γ-FeOOH 和 β-FeOOH 对基体并没有保护作用，β-FeOOH 的存在可以促进 Cl^- 在锈层中的扩散，因为其形成需要卤素离子来稳定其晶体的隧道结构[6~8]，并且 β-FeOOH 具有还原性，不利提高钢的抗腐蚀性能。此外，β-FeOOH、γ-FeOOH 是不稳定的产物，具有较强还原性，会增加阴极反应的活性区域，促进钢的基体腐蚀。

分析测试结果显示 γ-FeOOH 含量先增加后减少，而 β-FeOOH 量先增加后轻微波动，Fe_3O_4 在腐蚀前期较少，后期一直单调递增。腐蚀产物 α-FeOOH 在连续喷雾 240h 左右就已经出现并且到后期其数量不断增加，这可能是由于后期 γ-FeOOH 转变成 α-FeOOH，这主要是因为 α-FeOOH 的电化学稳定性好，使锈层对基体有一定的保护作用，而腐蚀产物 γ-FeOOH 的稳定性较差，对材料的腐蚀进程有促进作用。

利用 XRD 技术，对 DC06 材料腐蚀周期为 10d、30d 以及 50d 的腐蚀产物进行分析，图 3.66 为 DC06 在循环盐雾腐蚀试验不同腐蚀周期后腐蚀产物的 XRD 图谱。从 XRD 分析结果可以看出，DC06 的主要腐蚀产物为 Fe_3O_4、α-FeOOH、β-FeOOH 和 γ-FeOOH，其腐蚀产物变化与 Q235 钢基本相同。

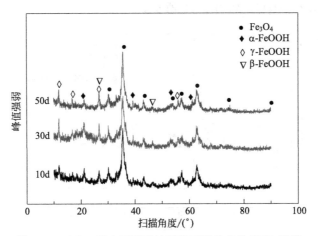

图 3.66　DC06 钢在不同腐蚀周期下腐蚀产物 XRD 图谱

对 DP600 双相钢在循环腐蚀试验不同腐蚀周期后腐蚀产物进行 XRD 分析，从 XRD 分析结果可以看出，DP600 双相钢的主要腐蚀产物与 Q235 基本相同，为 Fe_3O_4、Fe_2O_3、α-FeOOH、β-FeOOH 以及 γ-FeOOH，如图 3.67 所示。

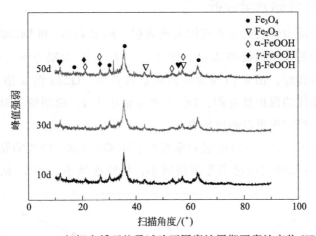

图 3.67　DP600 双相钢在循环盐雾试验不同腐蚀周期下腐蚀产物 XRD 图谱

通过对镀锌板在不同腐蚀周期下腐蚀产物的 XRD 分析，发现在材料腐蚀前期，腐蚀产物主要为 ZnO、Fe_2O_3、$FeSO_4$ 和 $Zn_5(OH)_8Cl_2 \cdot xH_2O$ 四种腐蚀产物。在循环盐雾腐蚀中，由于材料表面 Zn 与大气中的 O_2 接触形成 ZnO 薄膜，镀锌板表面氧化膜增厚并形成白锈。在镀锌板试样接触到雾状 NaCl 溶液时，锌层作为阳极优先溶解，形成碱性氧化物 $Zn(OH)_2$，而该碱性氧化物与前期形成的 ZnO 两种腐蚀产物与 Cl^- 结合，生成 $ZnCl_2$ 和

$Zn_5(OH)_8Cl_2 \cdot xH_2O$，如图 3.68 所示。

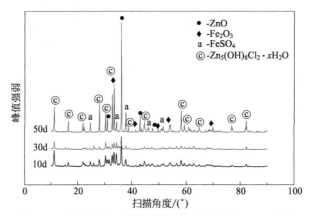

图 3.68　镀锌板在不同腐蚀周期下腐蚀产物 XRD 图谱

3.2.4　日产汽车循环腐蚀标准 3 试验研究

3.2.4.1　腐蚀动力学分析

根据腐蚀动力学公式计算腐蚀失重数据，画出 Q235 和 DC06 不同周期盐雾试验拟合后的失重曲线图 3.69、图 3.70，表 3.18 为拟合相关参数。从 R^2 看出曲线拟合较好，由 n 值及整体曲线走势看出，Q235 钢 n 值大都大于 1，说明锈层对基体的保护性有限；DC06 钢 n 值小于 1，说明锈层对基体有一定的保护作用，腐蚀失重趋势逐渐减小。

图 3.69、图 3.70 拟合曲线斜率可以表示 Q235 和 DC06 的腐蚀速率。可以看出，DC06 试样腐蚀速率先缓慢减小，后快速减小；Q235 试样腐蚀速率

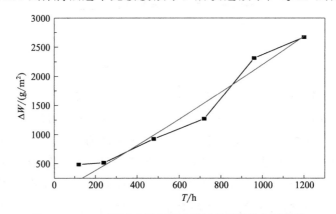

图 3.69　Q235 不同时间循环盐雾试验后腐蚀失重曲线

先快速减小，后缓慢增加。

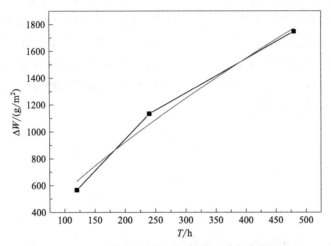

图 3.70　DC06 不同时间循环盐雾试验后腐蚀失重曲线

表 3.18　Q235 和 DC06 循环盐雾试验腐蚀失重曲线拟合相关参数

材料	A	n	R^2
Q235	1.20053	1.08779	0.94397
DC06	17.90286	0.74403	0.96944

3.2.4.2　腐蚀形貌特征

Q235 钢在循环盐雾（M0158-3）试验中不同腐蚀周期下的宏观形貌如图 3.71 所示，材料在 5d 时基体表面完全被腐蚀产物所覆盖且表面产生黑色腐蚀斑点；10～50d 时，材料表面腐蚀产物由黄褐色向黑色腐蚀产物转变，同时腐蚀表面黑色斑点面积不断扩大且颜色不断加深；在 50d 时，材料下半部分则

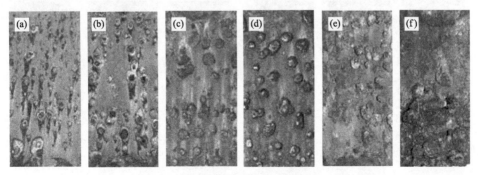

图 3.71　Q235 不同周期周浸腐蚀试验后腐蚀宏观形貌
(a) 5d；(b) 10d；(c) 20d；(d) 30d；(e) 40d；(f) 50d

完全转变成黑色腐蚀产物，上半部分也有像褐色腐蚀产物转变倾向。

在循环盐雾腐蚀试验中，通过 DC06 在不同腐蚀周期下的宏观形貌（图 3.72）可以看出，在整个腐蚀过程中，DC06 的腐蚀程度逐步加深，边界腐蚀严重，腐蚀后期基材基本断裂。从 5d 开始，材料基本失效，从 20～50d，材料表面腐蚀产物堆积颗粒逐步增加，黑色堆积物颗粒颜色也逐步加深。从 30d 开始，腐蚀由边界向内部侵蚀，导致基体材料腐蚀断裂失效，在 40d 和 50d 时，此种情况不断加深。

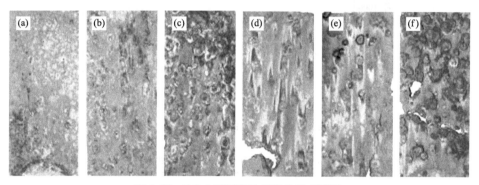

图 3.72　DC06 不同腐蚀周期的宏观形貌
(a) 5d；(b) 10d；(c) 20d；(d) 30d；(e) 40d；(f) 50d

在循环盐雾腐蚀试验中，DP600 各个腐蚀周期的宏观腐蚀形貌如图 3.73 所示，从图中可以发现，在 5d 时，材料的整体表面完全被腐蚀产物所覆盖，同时材料表面有大小不一的黑色颗粒状腐蚀堆积物，并且在之后的腐蚀周期内，黑色颗粒状腐蚀堆积物面积不断扩大，颜色也不断加深，在 40d 时又转变成褐色。在 10d 时，材料已经出现边界腐蚀效应，并且在之后的时间段逐步加深，在 50d 时，材料边界腐蚀最严重。

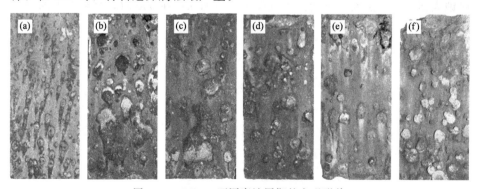

图 3.73　DP600 不同腐蚀周期的宏观形貌
(a) 5d；(b) 10d；(c) 20d；(d) 30d；(e) 40d；(f) 50d

在周浸腐蚀试验箱中，通过对镀锌板 DZ56D+Z 材料的各个腐蚀周期的宏观腐蚀形貌观察，从图 3.74 中可以发现：在 10d 时，材料腐蚀形貌由黄色与流线状黑色相间的腐蚀产物组成，流线状黑色腐蚀产物逐步发生堆积，形成颗粒状黑色堆积物；在 20d 时腐蚀程度加深，黑色颗粒状腐蚀产物面积扩大，材料腐蚀锈层厚度增加；在第 40d 时，边界腐蚀逐步向材料内部侵蚀，导致材料基体发生大面积脱落；在 50d 时，材料变成零碎状。

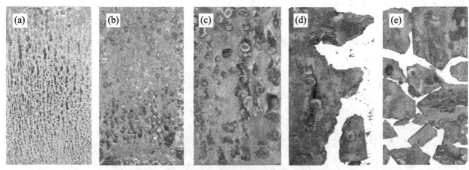

图 3.74 镀锌板不同腐蚀周期的宏观形貌
(a) 10d；(b) 20d；(c) 30d；(d) 40d；(e) 50d

通过对 DP600 不同腐蚀周期的腐蚀产物进行 SEM 观察，其腐蚀形貌如图 3.75 所示：在 10d 时，所观察材料的腐蚀产物表面有大量的毛绒状产物且

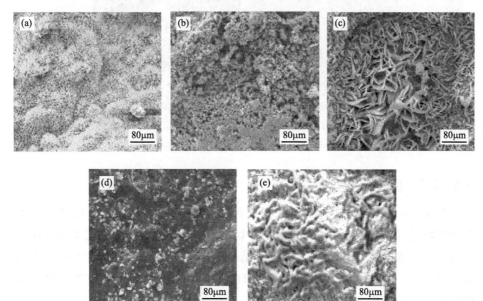

图 3.75 DP600 不同腐蚀周期的微观形貌
(a) 10d；(b) 20d；(c) 30d；(d) 40d；(e) 50d

非常均匀；20d后，腐蚀产物变成蓬松状；在30d时，材料的腐蚀产物由大量的花片状产物组成；到40d后，可以发现材料的腐蚀产物表面无基本特性，只有少数量的结晶颗粒；50d后，腐蚀产物表面形状为蠕虫状。

通过对镀锌板不同腐蚀周期的腐蚀产物进行SEM观察，其腐蚀形貌如图3.76所示：在10d时，所观察材料的腐蚀产物表面有一层致密的氧化膜ZnO，表面多孔且分层；20～30d后，腐蚀产物表面的氧化膜被破坏导致其不断减少，在30d时可以明显地看到蓬松状的腐蚀产物，多孔且细小；从40～50d，材料表面氧化膜完全被腐蚀破坏且腐蚀产物为团簇状；在50d后，可以发现材料的腐蚀产物表面的团簇状相比40d的面积更大，多孔且分布较分散。

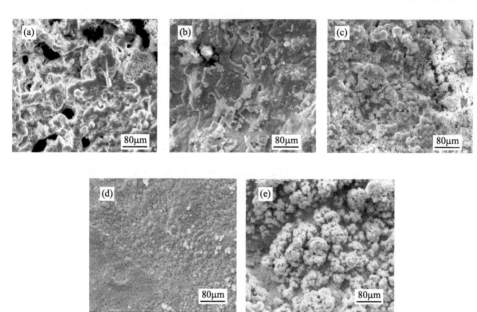

图3.76　镀锌板不同腐蚀周期的微观形貌
(a) 10d；(b) 20d；(c) 30d；(d) 40d；(e) 50d

3.2.4.3　腐蚀产物组成分析

利用XRD技术，对DP600双相钢材料腐蚀周期为10d、30d以及50d的腐蚀产物进行分析，图3.77为DP600双相钢在周浸腐蚀试验不同腐蚀周期后腐蚀产物的XRD图谱。从XRD分析结果可以看出，DP600双相钢的主要腐蚀产物为Fe_3O_4、$\alpha\text{-FeOOH}$、$\beta\text{-FeOOH}$以及$\gamma\text{-FeOOH}$，而且在各个腐蚀周期腐蚀产物的变化也基本相同。

利用XRD技术对镀锌板材料腐蚀周期为10d、30d以及50d的腐蚀产物进

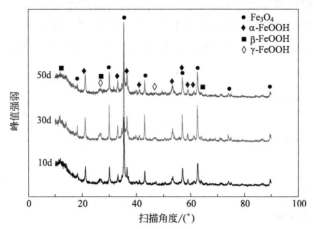

图 3.77 DP600 双相钢在周浸试验不同腐蚀周期下腐蚀产物 XRD 图谱

行分析，图 3.78 为镀锌板在周浸腐蚀试验不同腐蚀周期后腐蚀产物的 XRD 图谱。从 XRD 分析结果可以看出，镀锌板的主要腐蚀产物为 Fe_3O_4、$ZnFe_2O_4$、$\alpha\text{-FeOOH}$、$\beta\text{-FeOOH}$ 以及 $\gamma\text{-FeOOH}$。在试验前期，材料表面锌层形成 ZnO_2 保护材料，基体未完全腐蚀，到后期 ZnO_2 含量逐渐减少导致对基体的保护作用减弱并完全消失，最后基体被完全腐蚀，导致 Fe_3O_4 和 FeOOH 含量不断增加。

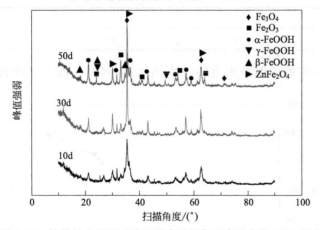

图 3.78 镀锌板在周浸试验不同腐蚀周期下腐蚀产物 XRD 图谱

3.2.5 福特循环腐蚀标准试验研究

3.2.5.1 腐蚀动力学分析

DC06 冷轧板的腐蚀失重情况由图 3.79 可知，随着腐蚀天数的增加，

DC06 冷轧板初期腐蚀速率较慢，20～40 天之间腐蚀速率较大，之后腐蚀速率呈缓慢下降趋势。根据腐蚀动力学计算公式拟合结果，其 n 值大于 1 则腐蚀速率呈上升趋势，R^2 趋近 1 表明拟合相关性较好。其拟合方程的各参数值如表 3.19 所示。

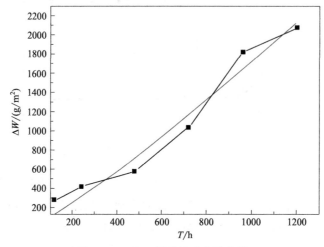

图 3.79　DC06 钢腐蚀动力学曲线

表 3.19　DC06 拟合方程的各参数值

材料	A	n	R^2
DC06	0.4498	1.1959	0.9524

DP600 双相钢的腐蚀失重情况由图 3.80 可知，随着腐蚀天数的增加，

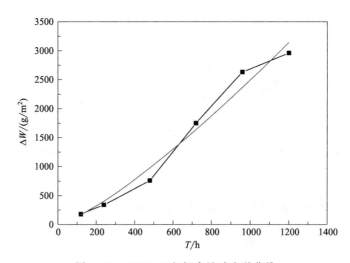

图 3.80　DP600 双相钢腐蚀动力学曲线

DP600 双相钢初期腐蚀速率较慢，20~40 天之间腐蚀速率较大，之后腐蚀速率呈缓慢下降趋势。根据其腐蚀动力学计算公式拟合结果，其 n 值大于 1 则腐蚀速率呈上升趋势，R^2 趋近 1 表明拟合相关性较好。表 3.20 所示为拟合方程的各参数值。

表 3.20　DP600 拟合方程的各参数值

材料	A	n	R^2
DP600	0.3711	1.2757	0.9701

3.2.5.2　腐蚀形貌分析

DC06 冷轧板经福特循环盐雾试验后其宏观腐蚀形貌如图 3.81 所示，试样经 5 天试验后表面大部分已经覆盖了一层棕红色腐蚀产物，仅有少部分基体裸露 [图 3.81(a)]；试样经 10 天试验后表面完全被腐蚀产物所覆盖，腐蚀产物表层为红棕色，在其下方有较明显的黑色纹路 [图 3.81(b)]；试样经过 20 天试验后腐蚀产物颜色由深红褐色向亮红褐色发生转变，其上的黑色纹路面积有明显的缩小 [图 3.81(c)]；试样经过 30 天试验，材料表面腐蚀产物基本转变为深褐色，其腐蚀较为均匀，未有明显的高低起伏，同时腐蚀产物与基材的结合力较弱，表现为明显的脱落现象，其边角部分腐蚀产物碎裂并脱离基材 [图 3.81(d)]；试样经过 40 天试验，材料表面腐蚀产物颜色并未发现明显变化，腐蚀产物厚度有少量的增加，腐蚀产物与基材结合仍然较弱，边角腐蚀产物脱离基材现象明显加重 [图 3.81(e)]；试样经过 50 天试验，材料表面腐蚀产物颜色未发生明显变化仍为黄褐色，腐蚀产物厚度有较为明显的增加，同时腐蚀产物变得易碎，呈块状从基材表面脱落 [图 3.81(f)]。

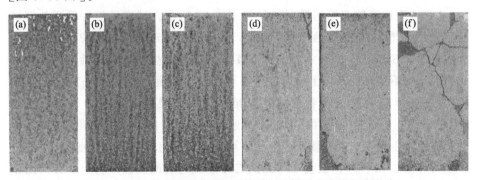

图 3.81　DC06 冷轧板表面在福特循环盐雾试验中的宏观形貌
(a) 5d；(b) 10d；(c) 20d；(d) 30d；(e) 40d；(f) 50d

DP600 冷轧板经福特循环盐雾试验后其宏观腐蚀形貌如图 3.82 所示，试样经 5 天试验后表面大部分已经覆盖了一层棕红色腐蚀产物，仅有少部分基体裸露 [图 3.82(a)]；试样经 10 天试验后表面完全被腐蚀产物所覆盖，腐蚀产物表层为红棕色，在其下方有较明显的黑色纹路 [图 3.82(b)]；试样经过 20 天试验后腐蚀产物颜色由深红褐色向亮红褐色发生转变，其上的黑色纹路面积有明显的缩小 [图 3.82(c)]。

试样经过 30 天试验材料表面腐蚀产物基本转变为深褐色，其腐蚀较为均匀，同时可以观察到腐蚀产物明显分为两层，表层为黄褐色腐蚀产物，下层为黑色腐蚀产物，两层腐蚀产物之间结合力较弱，有少量表层腐蚀产物自然脱落 [图 3.82(d)]；试样经过 40 天试验材料表面腐蚀产物颜色并未发现明显变化，腐蚀产物厚度有少量的增加，两层腐蚀产物结合力较弱，边角发生上层腐蚀产物脱离下层腐蚀产物现象 [图 3.82(e)]；试样经过 50 天试验材料表面上层腐蚀产物明显疏松，与下层腐蚀产物发生分离现象 [图 3.82(f)]。

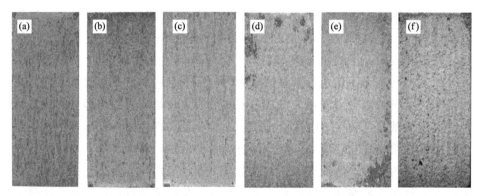

图 3.82　DP600 双相钢在福特循环盐雾试验中的宏观形貌
(a) 5d；(b) 10d；(c) 20d；(d) 30d；(e) 40d；(f) 50d

DC06 腐蚀产物表面的微观形貌如图 3.83 所示。试样经福特循环盐雾试验 5 天的 SEM 形貌是腐蚀产物为条状，在条状腐蚀产物上有颗粒状腐蚀产物生成 [图 3.83(a)]；试验 10 天的 SEM 形貌为表面生成针状腐蚀产物，较底层腐蚀产物不规则分布，上层腐蚀产物形成针状团簇 [图 3.83(b)]；试验 20 天的 SEM 形貌为腐蚀产物形成网状结构，其上表面腐蚀产物呈针状团簇 [图 3.83(c)]；试验 30 天的 SEM 形貌为表面腐蚀产物上的针状团簇逐渐向棉球状团簇发生转变，表层团簇中针状团簇较多，故此转变是由腐蚀层下方开始发生的 [图 3.83(d)]；试验 40 天的 SEM 形貌为表面腐蚀产物上的针状团簇仍然在逐渐向棉球状团簇发生转变 [图 3.83(e)]；试验 50 天的 SEM 形貌为表面腐蚀产物已全部转变为棉团状腐蚀产物，并且开始聚集为更大体积的不规则腐蚀产物［图 3.83(f)］。

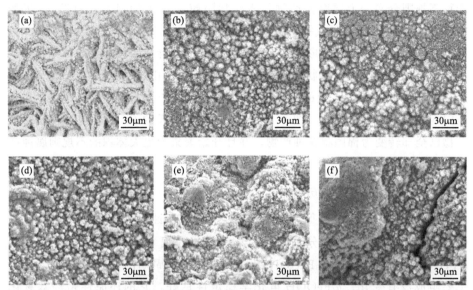

图 3.83　DC06 冷轧板表面在福特循环盐雾试验腐蚀产物的微观形貌
(a) 5d；(b) 10d；(c) 20d；(d) 30d；(e) 40d；(f) 50d

DP600 腐蚀产物表面的微观形貌如图 3.84 所示。试样经福特循环盐雾试

图 3.84　DP600 双相钢在福特循环盐雾试验后腐蚀产物的微观形貌
(a) 5d；(b) 10d；(c) 20d；(d) 30d；(e) 40d；(f) 50d

验 5 天的 SEM 形貌是腐蚀产物为针状团簇，上有颗粒状腐蚀产物生成 [图 3.84(a)]；试验 10 天的 SEM 形貌为表面生成针状腐蚀产物，较底层腐蚀产物不规则分布，上层腐蚀产物形成针状团簇 [图 3.84(b)]；试验 20 天的 SEM 形貌为腐蚀产物形成针状团簇，针状团簇的体积有明显的增加 [图 3.84(c)]；试验 30 天的 SEM 形貌为表面腐蚀产物上的针状团簇逐渐向棉球状团簇发生转变，表层团簇中针状团簇较多，故此转变是由腐蚀层下方开始发生的 [图 3.84(d)]；试验 40 天的 SEM 形貌为表面腐蚀产物上的针状团簇仍然在逐渐向棉球状团簇发生转变 [图 3.84(e)]；试验 50 天的 SEM 形貌为表面腐蚀产物已全部转变为棉团状腐蚀产物，并且开始聚集为更大体积的不规则腐蚀产物 [图 3.84(f)]。

3.2.5.3 腐蚀产物组成分析

DC06 冷轧板经福特循环盐雾试验后表面腐蚀产物 XRD 分析结果如图 3.85 所示。从 XRD 分析结果可以看出，腐蚀产物主要由 Fe_3O_4、α-FeOOH、γ-FeOOH、β-FeOOH 组成。随着试验周期的增长，腐蚀产物的主要组成没有变化。α-FeOOH 电化学稳定性良好，它的还原性是羟基氧化铁物中最弱的，其在锈层中含量的增加会抑制钢的电化学反应进程，从而降低钢的大气腐蚀速率，对锈层具有一定的保护作用。但 γ-FeOOH 对基体并没有保护作用，γ-FeOOH 是不稳定的产物，具有较强还原性，会增加阴极反应的活性区域，促进钢的基体腐蚀。前期锈层成分中还原性强的 γ-FeOOH 后期转化为化学状态稳定的 α-FeOOH，α-FeOOH 对基体有一定的保护作用。

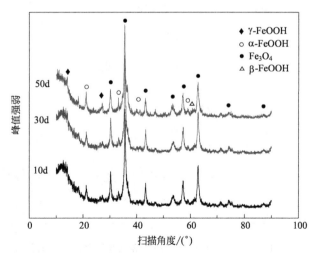

图 3.85 DC06 冷轧板表面腐蚀产物 XRD 分析结果

DP600 双相钢经福特循环盐雾试验后表面腐蚀产物 XRD 分析结果如图 3.86 所示。从 XRD 分析结果可以看出，腐蚀产物主要由 Fe_3O_4、α-FeOOH、γ-FeOOH、β-FeOOH 组成。随着试验周期的增长，腐蚀产物的主要组成没有变化。α-FeOOH 电化学稳定性良好，它的还原性是羟基氧化铁物中最弱的，其在锈层中含量的增加会抑制钢的电化学反应进程，从而降低钢的大气腐蚀速率，对锈层具有一定的保护作用。但 γ-FeOOH 对基体并没有保护作用。此外 γ-FeOOH 是不稳定的产物，具有较强还原性，会增加阴极反应的活性区域，促进钢的基体腐蚀。锈层的主要组成从分析结果来看为 Fe_3O_4，所以锈层对基体保护作用十分有限。

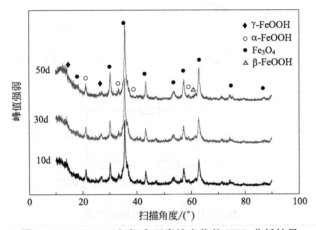

图 3.86 DP600 双相钢表面腐蚀产物的 XRD 分析结果

3.2.5.4 腐蚀电化学分析

图 3.87 为 DC06 冷轧板在福特循环盐雾试验条件下的阻抗谱拟合结果，为了更好地理解 DC06 冷轧板在模拟海洋大气环境下的阻抗特点，采用 ZsimpWin 软件对其交流阻抗进行拟合，根据实际试验结果本试验最佳的拟合等效电路如图 3.88 所示，拟合数据如表 3.21 所示。在等效电路图中等效元件 R_s 表示溶液电阻；Q 代表电极表面与溶液之间的双层电容；n_1 为常相位角指数，表示弥散效应程度，本试验 n_1 的范围在 0.51~0.85；R_r 为电腐蚀产物膜电阻；W 代表 Warburg 半无限扩散阻抗。

从拟合数据表 3.21 的结果表明，最初 5 天其拟合的膜电阻 R_r 为 351.5Ω·cm^2，膜电阻值相对较大，故可以认为其对基板存在一定的保护作用，其 30 天的膜电阻为 336Ω·cm^2，保护作用明显减弱，到 50 天膜电阻为 289.3Ω·cm^2，可以认为和 30 天差别不大，因而认定表面腐蚀层厚度增加没有对样板基板起到保护作用。

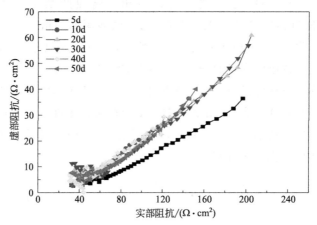

图 3.87 DC06 冷轧板福特循环盐雾试验不同时间的电化学交流阻抗测试结果 Nyquist 图

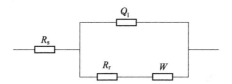

图 3.88 DC06 冷轧板的阻抗等效电路图

表 3.21 等效电路拟合元件值

项目	5d	10d	20d	30d	40d	50d
$R_s/(\Omega \cdot cm^2)$	4.561	26.65	17.33	3.999	1.324	7.607
Q_1	1.05×10^{-2}	1.306×10^{-2}	8.079×10^{-3}	5.431×10^{-3}	8.7×10^{-3}	0.708×10^{-3}
n_1	0.526	0.800	0.800	0.800	0.800	0.800
$R_r/(\Omega \cdot cm^2)$	351.5	7.101	6.467	336	176.6	289.3
$W/(10^{-3}\Omega \cdot cm^2)$	7.746	5.153	3.808	3.618	3.571	4.707

图 3.89 为 DP600 双相钢在福特循环盐雾试验条件下的阻抗谱拟合结果，为了更好地理解 DP600 双相钢在模拟海洋大气环境下的阻抗特点，采用 ZsimpWin 软件对其交流阻抗进行拟合，根据实际试验结果本试验最佳的拟合等效电路如图 3.90 所示，拟合数据如表 3.22 所示。在等效电路图中等效元件 R_s 表示溶液电阻；Q_1 代表电极表面与溶液之间的双层电容；n_1 为常相位角指数，表示弥散效应程度，本试验 n_1 的范围在 0.51~0.85；R_r 代表腐蚀产物膜电阻；W 代表 Warburg 半无限扩散阻抗。

从拟合数据表 3.22 的结果表明，最初 5 天其拟合的膜电阻 R_r 为 87.93$\Omega \cdot cm^2$，膜电阻值相对较小，可以认为腐蚀层对板存在的保护作用相对较弱，20 天的膜电阻未发生明显变化，30 天的膜电阻上升到 $111.4\Omega \cdot cm^2$，保护作用少量增加，到 50 天时膜电阻为 $258\Omega \cdot cm^2$，可以认为膜电阻值有明显的增加，因而认定表面腐蚀层厚度增加对样板基板起到较明显的保护作用。

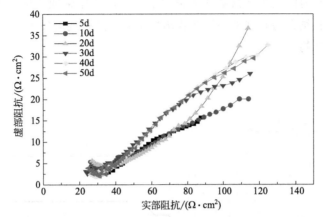

图 3.89 DP600 双相钢福特盐雾试验不同时间的电化学交流阻抗测试结果 Nyquist 图

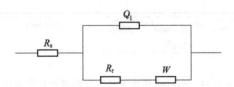

图 3.90 DP600 双相钢的阻抗等效电路图

表 3.22 等效电路拟合元件值

项目	5d	10d	20d	30d	40d	50d
$R_s/(\Omega \cdot cm^2)$	10.27	5.456	17.69	1.867	26.65	10.59
Q_1	1.21×10^{-2}	9.563×10^{-2}	1.224×10^{-2}	1.344×10^{-2}	1.236×10^{-2}	1.136×10^{-2}
n_1	0.8	0.8	0.8	0.8	0.8	0.8
$R_r/(\Omega \cdot cm^2)$	87.93	86.57	70.67	111.4	187.2	258
$W/(\Omega \cdot cm^2)$	2718	4764	3891	4567	2051	1505

3.2.5.5 福特循环盐雾腐蚀机制分析

在福特循环盐雾试验条件下，由于腐蚀条件为喷淋及温度湿度频繁变化，故金属材料的腐蚀主要以电化学腐蚀及腐蚀微电池为主。初期腐蚀机制类似于中性盐雾，由于福特盐雾试验所使用的盐浓度仅有中性盐雾的十分之一，故氯离子的催化作用并不明显。

由于存在一个较长时间的高温、中高湿度的环境条件，此条件下腐蚀仍将进行。当第一个循环结束时，见图 3.91，试验再次进入喷淋阶段，此时材料表面会生成一定的腐蚀产物。之后，喷淋量较大，会将材料表面与基材结合力较弱的腐蚀产物从材料表面冲刷下去。故初期腐蚀产物没有明显的厚度增加，且腐蚀产物与材料的结合力较弱。同时较薄的腐蚀产物对氧气的阻隔作用有限，故腐蚀长时间发生在富氧环境条件下，使得整体腐蚀速率比中性盐雾大。在底层与材料结合力较强的腐蚀产物随着试验的进行逐渐发生脱水过程，形成致密的黑色产物。

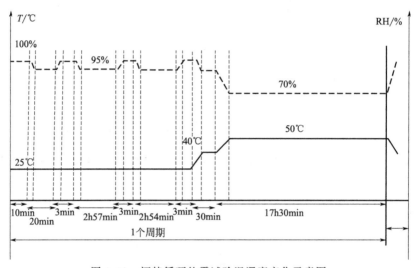

图 3.91　福特循环盐雾试验温湿度变化示意图

本章小结

① 整体来看，中性盐雾试验试样的腐蚀速率要明显低于循环盐雾试验，可以说明对于汽车用材料在模拟测试耐蚀性能上，选择与之工作环境相对应的循环盐雾试验是必要的。也反映出循环盐雾试验可以提供更加真实可靠、更加条件恶劣且多样的加速腐蚀环境。

② 除镀锌板之外，Q235 碳钢、DC06 冷轧板以及 DP600 双相钢，在中性盐雾试验和各类循环盐雾试验当中，腐蚀初期往往具有较高的腐蚀速率，但随着腐蚀时间的延长，表面的腐蚀产物不断堆积，腐蚀速率在一定时间后会出现降低的趋势。通过对失重曲线的拟合，也进一步表明了腐蚀产物的堆积对减缓腐蚀具有一定的作用。而镀锌板的失重曲线，往往是前期的腐蚀速率很低，到了后期则会明显增加，这也表明了表面的锌镀层对基体具

有良好的保护性能,但随着腐蚀的进行,镀层的工作寿命结束后,腐蚀介质开始侵蚀基体,造成失重数值明显增加。

③ Q235 碳钢、DC06 冷轧板以及 DP600 双相钢的腐蚀产物大致相同,一般由 Fe_3O_4、α-FeOOH、γ-FeOOH、β-FeOOH 组成。通常随着腐蚀的进行,腐蚀产物的主要组成物质也不会随之发生改变。值得一提的是,α-FeOOH 电化学稳定性良好,它的还原性是羟基氧化铁物中最弱的,其在锈层中含量的增加会抑制钢的电化学反应进程,从而降低钢的大气腐蚀速率,对锈层具有一定的保护作用。而 γ-FeOOH 对基体并没有保护作用,它是一种不稳定的产物,具有较强还原性,会增加阴极反应的活性区域,促进钢的基体腐蚀。

参 考 文 献

[1] Forsyth J B, Hedley I G, Johnson C E. The magnetic structure and hyperfine field of goethite (α-FeOOH) [J]. Journal of Physics C: Solid State Physics, 1968, 1 (1): 179.

[2] Smith D C, McEnaney B. The influence of dissolved oxygen concentration on the corrosion of grey cast iron in water at 50 C [J]. Corrosion Science, 1979, 19 (6): 379-394.

[3] Kamimura T, Hara S, Miyuki H, et al. Composition and protective ability of rust layer formed on weathering steel exposed to various environments [J]. Corrosion Science, 2006, 48 (9): 2799-2812.

[4] Hara S, Kamimura T, Miyuki H, et al. Taxonomy for protective ability of rust layer using its composition formed on weathering steel bridge [J]. Corrosion Science, 2007, 49 (3): 1131-1142.

[5] 刘李斌,康永林,宋仁伯,等. 1000MPa 级超高强度热镀锌钢板耐腐蚀性能 [J]. 腐蚀与防护, 2019, 40 (10).

[6] 刘玉珍,杨德钧. 腐蚀和腐蚀控制原理 [M]. 北京:中国石化出版社,2007.

[7] Hara S, Kamimura T, Miyuki H, et al. Taxonomy for protective ability of rust layer using its composition formed on weathering steel bridge [J]. Corrosion Science, 2007, 49 (3): 1131-1142.

[8] Stratmann M, Streckel H, Kim K T, et al. On the atmospheric corrosion of metals which are covered with thin electrolyte layers-III. The measurement of polarisation curves on metal surfaces which are covered by thin electrolyte layers [J]. Corrosion Science, 1990, 30 (6-7): 715-734.

第 4 章

汽车材料环境谱腐蚀试验

自然环境暴露试验一直是研究金属材料在自然环境中腐蚀最可靠、最丰富的信息来源，它能反映出材料与环境相互作用的真实性[1,2]；但是也存在许多难以克服的缺点，例如试验周期长，不能满足工艺、生产的迫切需要等。自然环境腐蚀通常是多种腐蚀因素共同作用的结果，对每个变量所起的作用难以评估，试验结果的平行性不高，难以深入进行腐蚀机制的研究，因此加速腐蚀试验成为研究材料腐蚀行为和评估材料使用寿命的主要方法。在该方法中，合理地制定室内加速腐蚀环境谱是研究材料腐蚀规律、准确预测材料腐蚀寿命的关键环节。

加速腐蚀环境谱编制的基础就是要科学分析材料在实际服役中的环境，通过安排合理的环境谱试验，突出主要环境因素，忽视次要因素，通过短时间的加速腐蚀达到户外长时间的相同腐蚀效果，并使得试验周期、试验费用科学合理。

4.1 环境谱设计思路

许多金属材料及其制品在生产、运输、贮存和使用的过程中，都会受到大气环境的作用而发生腐蚀破坏。汽车材料在大气环境中会受到大气中所含的水分、氧气和腐蚀性介质（包括氢离子、沉积的氯离子和污染物 SO_2、CO_2 等）的作用，因此在制定室内加速腐蚀环境谱时，首先应该对当地的大气环境数据进行统计分析，将造成材料腐蚀的主要环境因素统计成为当地的大气环境谱。大气环境谱能反映一个城市某个年份内的大气腐蚀状况，也是后续室内加速腐蚀试验计算的重要依据。

在大气环境谱中，潮湿空气是一个重要的概念，指温度 $T \geqslant 20℃$ 且相对湿度 $RH \geqslant 70\%$ 的潮湿空气，其中温度 $T=40℃$ 且相对湿度 $RH=90\%$ 的潮湿空气被称为标准潮湿空气。依据腐蚀等当量原则，可以将不同温度、不同湿度的潮湿空气作用时间都统一折算为标准潮湿空气作用时间，这样就将大气环境中的温湿度数据标准化，得到材料在某个地区的全年标准潮湿空气作用时间，使得大气温湿度对材料的腐蚀贡献量化。材料在服役过程中的腐蚀是一个干湿交替的过程，虽然干燥环境中材料的腐蚀速率很低，但是干湿交替能够显著加快腐蚀的进程，因此在确定材料在某个地区的标准潮湿空气作用时间后，还需要确定环境谱中干燥模块的作用时间以模拟材料干湿交替行为。大气污染性因子则用来确定盐雾试验盐溶液的组成，并计算出盐雾试验的加速倍率。最后确定循环盐雾试验中干燥、湿热和盐雾三个阶段的比值及作用时间，确定加速腐蚀环境谱内容。图 4.1 为加速腐蚀环境谱试验方法确定流程。

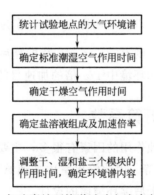

图 4.1 加速腐蚀环境谱试验方法确定流程图

4.1.1 腐蚀等当量原则

汽车服役以后，不论是在行驶期间，还是在地面停放期间，总是处在环境因素的作用之下。随着环境的变化，这些因素随时间呈谱状变化，因而汽车金属结构材料的腐蚀也时强时弱。若采用腐蚀电流 I_C 作为度量参量[3]，代表金属腐蚀速率的电流 I_C 也会随时间而变化，对于同一种汽车金属结构件（表面积 S 确定），在 $t_1 \sim t_2$ 时间得到的腐蚀电量 Q 可用下式表示：

$$Q = \frac{1}{F}\int_{t_1}^{t_2} I_C(t)\mathrm{d}t \tag{4.1}$$

式中，F 为法拉第常数；t_1，t_2 分别为起止时间；Q 为电量。

因此，研究金属材料的腐蚀损伤就应重点放在腐蚀电流的监测上，腐蚀电流 I_C 的大小就表示着金属材料腐蚀的快慢，换言之，同一个金属结构在不同的介质环境下，I_C 的值是不同的，这也表明了环境作用对金属材料的腐蚀影响程度。

在试验室加速条件下，对同一汽车金属结构件，根据环境测量数据编制的环境试验谱人工控制加载，在特定的时间内（$t_1' \sim t_2'$），金属的腐蚀电量 Q' 可用积分形式表示：

$$Q' = \frac{1}{F} \int_{t_1'}^{t_2'} t_C'(t) \mathrm{d}t \tag{4.2}$$

对同一种材料、同一结构件，根据腐蚀损伤等效原理，使其在自然服役环境条件中的腐蚀电量 Q 等于在试验室条件下的腐蚀电量 Q'，即可建立起两种环境下的等当量关系，$Q = Q'$，即：

$$\frac{1}{F} \int_{t_1}^{t_2} I_C(t) \mathrm{d}t = \frac{1}{F} \int_{t_1'}^{t_2'} I_C'(t) \mathrm{d}t \tag{4.3}$$

在实际工程运用中，可以合理地将 I_C 及 I_C' 作为常数进行讨论，并设 $\frac{I_C}{I_C'} = \alpha$，$t = t_2 - t_1$，$t' = t_2' - t_1'$，则有：$t' = \alpha t$，经折算后，试验时间缩短 α，达到了室内腐蚀时间相比于实际环境中 $1/\alpha$ 倍的加速目的（$\alpha \leqslant 1$）。

4.1.2　碳钢材料折算系数

自然界中对材料起腐蚀作用的因素有很多，主要的环境因素包括温度、湿度、Cl^-、SO_4^{2-} 和 pH 值等。因此给出室内加速试验中常用试验室模拟条件下的相关折算系数，以用于后续环境谱的设计。

（1）不同潮湿空气相对于标准潮湿空气的折算系数

根据结构钢在不同温度、湿度下的腐蚀电流，得到了对应的折算系数 α。为计算和使用方便，取标准潮湿空气（温度 $T = 40$℃、湿度 RH＝90％）的 $\alpha = 1$，结构钢材料在不同温度、湿度组合与标准条件的对应折算系数见表 4.1。

表 4.1　碳钢不同潮湿空气相对于标准潮湿空气的折算系数表

材料	RH(%)	温度/℃				
		20～24	25～29	30～34	35～39	40
碳钢	70～79	0.09836	0.11454	0.17077	0.24143	0.55212
	80～89	0.08934	0.10057	0.31608	0.42364	0.73048
	≥90	0.05837	0.22919	0.40647	0.70958	1.00

注：该数据来源于刘文珽、贺小帆等编著书籍《飞机结构腐蚀/老化控制与日历延寿技术》，该折算系数适用于大部分类型钢材，包括 Q235 钢。

例如，碳钢在 $T=20\sim24℃$、$RH=70\%\sim79\%$ 时，其腐蚀电流密度等于 $T=40℃$、湿度$=90\%$ 时的 0.09836，得碳钢在 $T=20\sim24℃$、$RH=70\%\sim79\%$ 大气环境中腐蚀 1h，相当于在 $T=40℃$、$RH=90\%$ 的大气环境中腐蚀 0.09836h。也即在后者中腐蚀 1h，相当于在前者中腐蚀 10.167h，后者对前者的加速倍率为 10.167（$1\div0.09836=10.167$）。

（2）纯水介质相对于不同 NaCl 溶液的折算系数

通过测量碳钢在不同浓度 NaCl 溶液与水介质下的腐蚀电流，得出对应的折算系数（见表 4.2）。

表 4.2　碳钢纯水介质中相对于不同浓度 NaCl 溶液的折算系数表

NaCl 浓度(质量分数)/%	0.35	0.5	1.72	3.5	7
碳钢	0.558	0.485	0.417	0.32	0.31

注：数据来源同表 4.1。

（3）纯水介质相对于不同浓度 H_2SO_4 溶液的折算系数

碳钢在不同浓度的 H_2SO_4 溶液与水介质之间的折算系数见表 4.3。

表 4.3　碳钢纯水介质中相对于不同浓度 H_2SO_4 的折算系数

酸浓度/(%)	0.1	1	2
碳钢	0.571	0.467	0.233

注：数据来源同表 4.1。

（4）纯水介质相对于不同浓度 Na_2SO_4 溶液的折算系数

碳钢在不同浓度的 Na_2SO_4 溶液与水介质之间的折算系数见表 4.4。

表 4.4　碳钢纯水介质中相对于不同浓度 Na_2SO_4 的折算系数

Na_2SO_4 浓度/%	0.1	1	2
碳钢	0.557	0.364	0.331

注：该数据来源于国家材料环境腐蚀平台，该折算系数适用于大部分类型钢材，包括 Q235 钢。

4.2　汽车材料加速腐蚀环境谱制定

下面以北京地区为例，取 2016 年的大气环境数据作为参考，设计碳钢在北京地区的加速腐蚀环境谱。根据北京大气环境数据（见表 4.5），统计得出北京地区在温度 $T=40℃$、湿度 $RH=90\%$ 下的相关参数。

表 4.5　北京地区的环境参数

年份	平均温度/℃	雨时/h	相对湿度(RH)/h			pH	Cl^- 沉积速率 /mg/(100m² · d)	SO_4^{2-} 沉积速率 /mg/(100m² · d)
			70%	80%	90%			
2016	20	378	210	207	121	6	0.224	0.149
	25	356	220	192	43			
	30	133	34	5	—			
	35	—	1	—	—			

4.2.1　全年标准潮湿空气作用时间

依据北京地区大气环境谱（见表 4.5）和标准潮湿空气的当量折算系数，确定标准潮湿空气作用时间如下：

① 将北京试验站大气环境谱中各温度下潮湿空气作用小时数用表 4.1 数据折算为温度 $T=40℃$，相对湿度 $RH=90\%$ 的标准潮湿空气的作用小时数为：

$$T_1 = 210 \times 0.09836 + 207 \times 0.08934 + 121 \times 0.05837 + 220 \times 0.11454 +$$
$$192 \times 0.10057 + 43 \times 0.22919 + 34 \times 0.17077 + 5 \times 0.31608 +$$
$$1 \times 0.24143 = 108.203h$$

② 将北京试验站大气环境谱中降雨作用小时数用表 4.1 数据折算为温度 $T=40℃$，相对湿度 RH 为 90% 的标准潮湿空气的作用小时数：

$$T_2 = 378 \times 0.05837 + 356 \times 0.22919 + 133 \times 0.40647 = 157.716h$$

③ 北京试验站大气环境谱每年相当于标准潮湿空气作用时间为：

$$T = T_1 + T_2 = 108.203 + 157.716 = 265.9h$$

取标准潮湿空气作用时间为 266h。

4.2.2　干燥试验条件

干燥试验条件包括温度和试验时间，一般认为相对湿度低于 70% 为干燥状态，金属材料在该条件下基本不腐蚀。依据 2016 年北京地区相对湿度小于 70% 的时间统计，得到全年的干燥时间为：

$$T = 8760(全年小时数) - 1900(全年潮湿小时数) = 6860h(全年干燥小时数)$$

根据一年中干燥时间与湿热时间数值的比值和湿热作用时间的乘积，从而计算出北京地区在标准干燥空气条件下的作用时间为：

$$T_{dry}=\frac{6860}{1900}\times 266=960h$$

对于干燥试验过程相对湿度<30%，金属材料腐蚀非常小，对于腐蚀试验加速性没有作用，因此依据腐蚀试验的加速作用，通过提高干燥温度，减少干燥试验时间。

4.2.3 循环盐雾试验条件

① 计算 NaCl 溶液的加速系数。北京地区的氯化钠沉积量（全年 Cl^- 沉积量）为 $0.224mg/(100m^2 \cdot d)$，因处于内陆地区，数值较低，所以在循环盐雾试验标准制定过程中将北京地区的 NaCl 溶液浓度取值相对偏低一些，为 0.5%。由表 4.2 可知，钢在质量分数为 0.5% NaCl 溶液中相对纯水的折算系数 α 为 0.485，加速系数为折算系数 α（0.485）的倒数为 2.062，即碳钢材料在 0.5% NaCl 溶液的加速试验环境谱盐雾作用 1h 相当于在标准潮湿空气条件下作用 2.06h。

② 计算 $[H^+]$ 的加速系数。北京地区的雨水 pH 为 6，因 pH=-log（酸中氢离子的浓度），因此 $[H^+]=0.000001mol/L$，H_2SO_4 的分子量为 98.08，故硫酸质量浓度为 $0.5\times 98.08\times 0.000001g/L=0.04904mg/L$。由表 4.3 可知，1mg/L 和 0.1mg/L 所对应的折算系数分别为 $\alpha=0.467$ 和 $\alpha=0.571$，加速系数为其倒数，分别为 2.141 和 1.751，通过外推计算可得 0.04904mg/L 所对应的加速系数为 1.7289，即碳钢材料在 pH=6 的盐雾作用 1h 相当于在标准潮湿空气条件下作用 1.73h。

③ 计算 Na_2SO_4 溶液的加速系数。北京地区的硫酸盐沉积速率为 $0.149mg/(100m^2 \cdot d)$，在全国数据采集中数值居于中等，所以在循环盐雾试验标准制定过程中将北京地区的 Na_2SO_4 溶液浓度取值为 1%。由表 4.4 可知，碳钢材料在 1% Na_2SO_4 溶液所对应的折算系数为 $\alpha=0.364$，加速系数为其倒数 2.75，即碳钢材料在 1% Na_2SO_4 溶液的加速试验环境谱盐雾作用 1h 相当于在标准潮湿空气条件下作用 2.75h。

④ 计算循环盐雾加速试验中的加速系数。循环盐雾加速试验环境谱的加速系数为 $T_2=2.06+1.73+2.75=6.54$，即碳钢在以上确定的循环盐雾加速试验条件中作用时间 1h 相当于标准潮湿空气条件下作用 6.54h。所以初步确定北京地区循环盐雾加速试验环境谱的盐雾加速试验溶液组成为 0.5% NaCl 和 1% $NaSO_4$，其 pH 为 6。

4.2.4 试验参数确定

据统计,北京地区一年中相对湿度大于70%的污染天数和无污染天数分别为51天和35天,其之间的比值为1.457。在该条件下确定标准潮湿试验作用时间158h,根据盐雾加速试验倍率6.54,确定北京地区循环盐雾加速试验环境谱的盐雾试验时间为24h。由上述北京地区的潮湿空气作用统计时间为266h,那么剩余的湿热时间为266-158=108h,因此可知北京一年大气环境作用湿润时间和盐雾时间分别为108h和24h。

一般来说,当室内模拟试验的加速倍率为21左右时,能与户外暴露试验具有良好的相关性,因此加速试验时间为365/21=17d。以一天24h为一个循环,每个循环包括:盐雾、潮湿和干燥三个阶段模块,并调整总试验时间为16d。

依据北京一年的大气环境数据显示湿热试验时间和盐雾试验时间分别为108h和24h,确定北京地区循环盐雾加速试验环境谱的每一个循环的盐雾时间、湿热时间和干燥时间分别为:

① 每一循环:盐雾时间=24/16d=1.5h/d,取值2h/d;
② 每一循环:湿热时间=108/16d=6.75h/d,取值7h/d;
③ 每一循环:干燥时间=24h/d-2h/d-7h/d=15h/d。

对于北京地区循环盐雾加速试验环境谱中循环盐雾试验温度和湿度,温度确定为40℃,湿热时间湿度则为RH=90%。干燥时间温度确定为40℃,干燥阶段的相对湿度低于30%。

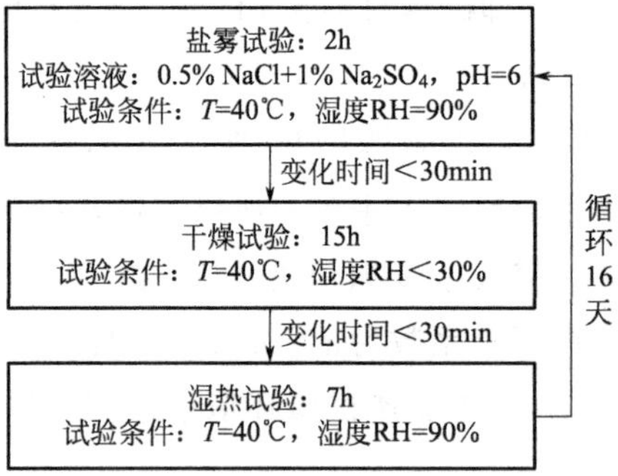

北京地区循环盐雾加速试验环境谱每个循环流程如图4.2所示,每个过程分为酸性盐雾、干燥和潮湿3个阶段,盐雾阶段的喷盐溶液组成为0.5% NaCl+1% Na_2SO_4,pH=6。

依据上述确定北京地区加速腐蚀环境谱中盐雾、湿热和干燥试验的试验时间为每一循环:盐雾试验作用时间为2h,盐雾试验温度为$T=40$℃;干燥试验作用时间为15h,干燥试验温度为$T=40$℃,湿度RH<30%;湿热试验作用时间为7h,湿热试验温度为$T=40$℃,湿度RH=90%。

图4.2 北京地区加速腐蚀环境谱图

盐雾试验:2h
试验溶液:0.5% NaCl+1% Na_2SO_4,pH=6
试验条件:$T=40$℃,湿度RH=90%

变化时间<30min

干燥试验:15h
试验条件:$T=40$℃,湿度RH<30%

变化时间<30min

湿热试验:7h
试验条件:$T=40$℃,湿度RH=90%

循环16天

4.3 大气腐蚀环境谱试验研究

在设计出加速腐蚀环境谱试验方法后,需要对该方法进行验证试验。下面以 Q235 和 DC06 两种碳钢作为试验材料,按照北京加速腐蚀环境谱进行试验,观察加速腐蚀试验后样品的宏观形貌,计算材料的腐蚀失重,通过对比室内外材料的失厚量来验证加速腐蚀环境谱的合理性。

4.3.1 宏观腐蚀形貌分析

Q235 钢在循环盐雾试验中不同腐蚀周期下宏观形貌如图 4.3 所示,腐蚀 1d 后,材料基体表面大部分被腐蚀产物所覆盖,腐蚀产物为黄褐色,同时可以看到明显的基体光泽;到 4d 时,腐蚀程度增加,锈层完全覆盖基体表面,同时有黑色腐蚀产物产生,锈层有脱落现象;在第 8d 时腐蚀进一步增加,锈层变厚且更加致密;在 16d 时,材料表面腐蚀产物有堆积现象,腐蚀程度进一步增加,同时锈层出现脱落现象。

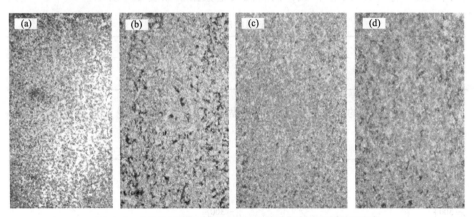

图 4.3 Q235 钢循环腐蚀试验不同周期下宏观腐蚀形貌
(a) 1d;(b) 4d;(c) 8d;(d) 16d

DC06 材料在循环盐雾加速试验中的宏观腐蚀形貌如图 4.4 所示,试样腐蚀 1d 后,材料表面基本被腐蚀产物所覆盖,腐蚀产物为黄褐色和点状黑色;腐蚀 8d 后,材料完全腐蚀且基体被腐蚀产物完全覆盖,腐蚀产物为黄褐色,锈层变得致密;腐蚀 16d 后,材料腐蚀程度进一步增加,腐蚀产物为红色,锈层变厚且出现脱落现象。

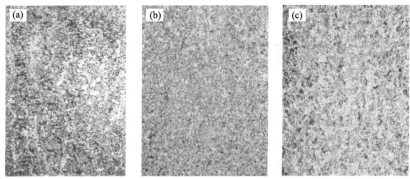

图 4.4 DC06 循环腐蚀试验不同周期下宏观腐蚀形貌
(a) 1d；(b) 8d；(c) 16d

4.3.2 腐蚀数据分析

通过对材料腐蚀形貌和腐蚀机制的研究，采用材料的腐蚀动力学数据作为寿命评估的基础。通过对 Q235 钢的腐蚀失重量试验数据进行分析，腐蚀失重与时间的关系均符合 $\Delta W = At^n$ 的幂函数规律。根据试样腐蚀前后数据，计算得出 Q235 钢和 DC06 两种试样的腐蚀失重数据，如表 4.6 所示。

表 4.6 不同材料的腐蚀失重　　　　　　　单位：g/m²

材料失重	1d	4d	8d	16d
Q235	37.2662	76.6417	156.2222	412.9598
DC06	40.7088	—	142.4522	411.0956

依据表 4.6 中的腐蚀失重量数据，做出腐蚀动力学曲线并进行拟合，拟合结果如图 4.5 所示。

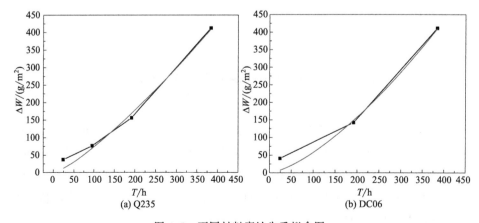

图 4.5 不同材料腐蚀失重拟合图

同时得到幂函数公式及相关拟合参数,见表4.7。

表 4.7　不同材料的腐蚀失重拟合参数

材料	A	n	R^2
Q235	0.2054	1.2768	0.9848
DC06	0.0695	1.4588	0.9681

得出幂函数公式分别为:

Q235: $\Delta W = At^n = 0.2054 t^{1.2768}$

DC06: $\Delta W = At^n = 0.0695 t^{1.4588}$

两种材料拟合得到的幂函数公式显示,Q235钢和DC06钢的 n 值均大于1,说明试样腐蚀速率随腐蚀时间的延长而增加幅度较大,锈层不具有保护性。

将表4.7所计算出的腐蚀失重量数据根据公式:腐蚀失厚量=腐蚀失重量/密度,计算得出三种试样在不同腐蚀周期下的腐蚀失厚量数据,见表4.8。

表 4.8　循环腐蚀试验不同材料的腐蚀失厚量　　　　单位:μm

材料失厚量	1d	4d	8d	16d
Q235	5	10	20	53
DC06	5	—	18	52

根据中国腐蚀与防护网统计的材料环境腐蚀数据,Q235钢在六个地区1年(1a)的腐蚀失厚量数据如表4.9所示。

表 4.9　各地区Q235钢的年腐蚀失厚量　　　　单位:μm

试验时间	北京	青岛	万宁	武汉	吐鲁番	拉萨
1a	45	79	97	58	5	2

根据Q235的幂函数公式,取适应的时间 t 值,分别计算其所对应的腐蚀失厚量数据,得出不同时间下Q235的腐蚀失厚量,见表4.10。

表 4.10　Q235钢不同时间下的腐蚀失厚量

时间/d	12	13	14	15
腐蚀失厚量/μm	36	40	44	48

上述试验结果显示,Q235钢采用北京加速腐蚀环境谱试验14天后其失厚量为44μm,北京地区户外大气暴露试验1年的腐蚀失厚量为45μm,其差值为1μm。而Q235钢试验16d后其腐蚀失厚量数据为53μm,与外场大气暴晒

腐蚀失厚量数据相差 $8\mu m$，室内外腐蚀结果相差较小。

本章小结

本章概述了大气环境谱加速腐蚀试验方法的设计原理，以北京地区的大气环境数据为例设计了北京地区的环境谱加速腐蚀试验方法，并采用 Q235 钢和 DC06 两种试样材料进行加速环境谱模拟试验验证。结果显示，通过该方法设计的环境谱加速试验方法具有很好的加速性和模拟性，并且与户外有较好的相关性。

参考文献

[1] 王凤平，张学元，杜元龙. 大气腐蚀研究动态与进展 [J]. 腐蚀科学与防护技术，2000（02）：104-108，125.

[2] 李兴濂. 我国大气腐蚀网站试验研究回顾及发展建议 [J]. 材料保护，2000（01）：29-31，4.

[3] 穆志韬，柳文林，于战樵. 飞机服役环境当量加速腐蚀折算方法研究 [J]. 海军航空工程学院学报，2007（03）：301-304.

第 5 章

汽车挂片腐蚀试验

  汽车整车的结构复杂，各部位所涉及的材料种类繁多，在实际使用过程中经常面临各种严酷气候和恶劣环境的考验，长时间后容易出现腐蚀、老化等问题，对汽车的外观和功能都有影响，甚至造成安全隐患。因此，材料的耐候性是评价汽车质量的重要指标之一[1]。为合理设计汽车材料的耐候性，改善汽车产品的质量，国内外一些汽车生产企业都建立了科学、完善的汽车耐候性质量控制体系。在该体系中整车大气户外暴露试验作为材料、零部件耐候性试验方法与技术要求标准的制定依据以及整车耐候性评价的考核依据而备受汽车厂家重视[2]。我国海南汽车试验研究所自1998年起，开始进行汽车腐蚀试验的摸索，制订了《海南汽车试验场汽车道路强化腐蚀试验方法》，目前已得到国内包括丰田、本田等很多合资企业在内的汽车厂商的认可。

  整车进行的腐蚀加速试验——汽车道路强化腐蚀试验是汽车及其材料、零部件的重要检测试验之一，是综合考虑整车实际情况的试验，许多汽车公司在试验场内进行碎石路行驶、盐水路行驶、盐雾喷射、温湿环境舱停放等工况的模拟真实道路情况的试验，其腐蚀情况根据汽车的腐蚀程度进行评级。汽车整车道路腐蚀试验能有效地模拟真实大气环境中的太阳辐射、沙尘暴、温度湿度、腐蚀介质变化等因素，整车外观、内外饰材料的腐蚀老化特征具有明显差异。因此，评价汽车耐候性主要的气候类型有湿热气候和干热气候。湿热气候的高温高湿环境对汽车外饰部件的涂层、镀层和塑料的腐蚀及老化的影响较为显著；干热气候的特点是日照时间长、最高温度值高，可以更好地评价内饰部件的耐光性和尺寸稳定性等[3]。但是在国际上还没有统一的汽车道路腐蚀试验标准，各汽车企业的腐蚀试验评价流程也有所不同。国际上通常通过对试验过程中环境腐蚀强度的控制，将10个腐蚀循环等效为1个腐蚀年，但各公司所采用的试验方法和腐蚀强度各不相同。由于影响汽车腐蚀的因素有很多,目前的整车强化腐蚀试验主要是通过强化盐雾、温度、湿度及路面载荷几个主要的因素,来达到缩短试验周期的目的。

国外从20世纪60年代开始进行模拟汽车实际使用情况的道路强化腐蚀试验。随着中国汽车工业的发展以及用户对汽车产品耐腐蚀性能要求的不断提高,目前国内各大汽车厂纷纷通过整车道路强化腐蚀试验考察整车的防腐性能,同时还能反映出车身结构设计、涂装工艺等方面存在的问题[4~6]。

目前,国内各大汽车厂对整车进行的腐蚀测试评价基本上都参照GB/T 732—2005《乘用车强化腐蚀试验方法》进行[7]。本标准目前已经得到很多国内合资汽车厂商的认可。徐书玲[8]研究了材料腐蚀试验的重要性,不仅对腐蚀试验操作规范和试验强度做了简要介绍,同时也对试验结果评价作了介绍。王永豪等[9]将汽车腐蚀评估部分分为主观评估和客观评估,并对主观评估方法进行了详细的描述和介绍,但缺少对汽车腐蚀的客观评估方法的介绍。客观腐蚀评估是对汽车材料腐蚀产物的定量分析,不仅揭示了材料在腐蚀过程中的细节和原理,还可以通过对整车腐蚀试验后零部件金属腐蚀失重结果来预测零部件的实际腐蚀寿命,从而可以通过整车腐蚀试验的结果更好地模拟客户实际使用的结果[10]。

对于汽车材料的耐蚀性能研究,普遍采用户外直接暴晒的方法,但该方法并未考虑到汽车在动态运行状态下对车身材料的腐蚀影响因素[11]。针对该情况,研究人员和企业普遍采用汽车道路强化的方法来模拟汽车在行驶状态下环境因素对汽车的腐蚀影响,该方法使试验试样处于动态环境下,此时试样不仅受到大气环境因素的影响,同时受到路面环境(如泥沙、灰尘以及地面水)的影响,局部部位还会存在微环境的影响[12,13],通过对汽车行驶时经历的各个阶段进行模拟,更准确地对整车的腐蚀进行加速模拟。本章试验以汽车常用材料Q235钢为研究对象,分别在轿车和卡车的不同部位进行动态挂片试验。

5.1 Q235钢在轿车不同部位挂片腐蚀行为研究

为了系统地研究Q235钢在实际道路环境条件下的腐蚀行为,本节试验主要采用室外大气暴露轿车不同部位轿车挂片动态腐蚀。室外大气暴露汽车挂片试验主要研究试样在轿车的顶部、发动机以及底部三个部位之间的腐蚀差异。

5.1.1 宏观腐蚀形貌分析

图 5.1～图 5.3 分别是前机盖、左底盘和前机舱部位 Q235 钢在不同周期整车腐蚀试验后的宏观腐蚀形貌图。在试验初期，不同部位的 Q235 钢均已发生较严重腐蚀，形成一层褐色的腐蚀产物；随着试验周期的延长，腐蚀产物颜色逐渐加深，腐蚀程度明显加重。对比不同部位试样在整车试验后的宏观形貌，可以发现，前机盖腐蚀最为严重；而前机舱在整个过程中腐蚀最为轻微。按腐蚀程度从重到轻依次为前机盖＞左底盘＞前机舱。

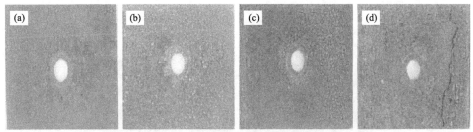

图 5.1　Q235 在前机盖不同腐蚀周期试验后宏观形貌
(a) 240h；(b) 480h；(c) 720h；(d) 1200h

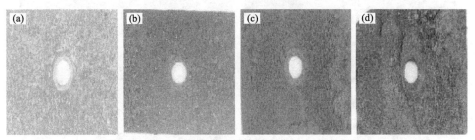

图 5.2　Q235 在左底盘不同腐蚀周期试验后宏观形貌
(a) 240h；(b) 480h；(c) 720h；(d) 1200h

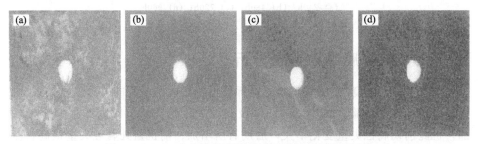

图 5.3　Q235 在前机舱不同腐蚀周期试验后宏观形貌
(a) 240h；(b) 480h；(c) 720h；(d) 1200h

5.1.2 微观腐蚀形貌分析

图 5.4 为 Q235 钢整车道路强化腐蚀试验不同时间后的微观形貌。试验前期形成的锈层表面形貌多为层片状和团簇状，锈层组成疏松，拥有很多缝隙和孔洞。随着时间的延长，层片状减少，团簇状变多。并且在后期团簇状产物部分相连，形成类似网状结构，但空隙依旧存在。

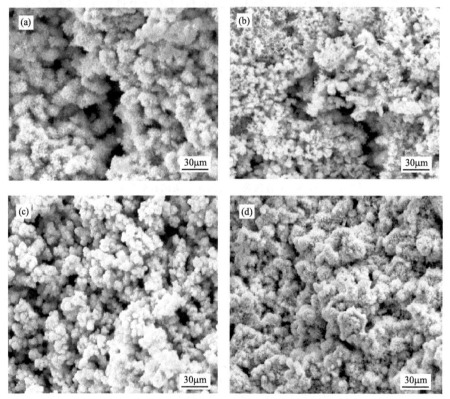

图 5.4　Q235 整车道路强化试验不同时间后腐蚀微观形貌（3000 倍）
(a) 240h；(b) 480h；(c) 720h；(d) 960h

5.1.3　试样腐蚀动力学分析

图 5.5(a) 是 Q235 钢在整车不同部位道路腐蚀试验后的腐蚀失重关系图。可以看出在整个试验过程中，不同部位腐蚀失重都随试验时间增加而逐渐增加，机舱前期腐蚀失重变化不大，后期有所增加；前机盖处腐蚀失重最高，左底盘次之，前机舱最小。

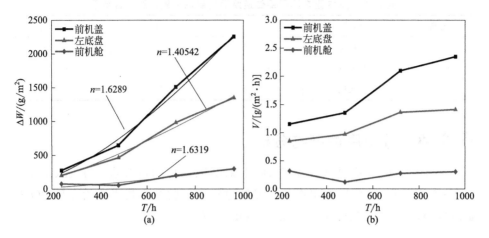

图 5.5 Q235 在整车不同部位道路强化腐蚀试验过程中腐蚀失重及腐蚀速率

图 5.5(b) 是 Q235 钢在整车不同部位腐蚀试验后的腐蚀速率关系图。前机盖和底盘腐蚀速率都是逐渐增大，而机舱是先减小后增大且整体变化不大；整体而言腐蚀速率是前机盖最大，底盘次之，机舱最小。

根据试验前测得的试样平均尺寸及试验前后试样的质量及失重率可计算出试样的腐蚀失重：

$$W = \frac{G_0 - G_1}{2(a \times b - b \times c - a \times c)} \tag{5.1}$$

式中，G_0 为试样原始质量；G_1 为试样试后质量；a 为试样长度；b 为试样宽度；c 为试样厚度。

通过对试验数据进行分析，失重与时间的关系符合幂函数规则[14]：

$$\Delta W = A t^n \tag{5.2}$$

式中，ΔW 是单位面积的腐蚀失重，g/m^2；t 是试验时间，h；A 和 n 是常数，n 值常作为腐蚀速率或锈层保护性好坏的参考。R^2 是幂函数拟合相关系数。

根据式(5.1)、式(5.2) 做出的 DC06 和 Q235 不同时间整车道路强化腐蚀试验拟合后的失重曲线，表 5.1 为式(5.2) 中的相关参数。从 R^2 看出曲线幂函数拟合相关性较好。由 n 值及整体曲线走势看出在 1200h 的试验周期内，腐蚀失重趋势增加。左底盘试样拟合 n 值最低为 1.40542，说明随时间延长材料的腐蚀程度逐步降低。而失重量相对较低的前机舱试样拟合 n 值最高为 1.6319，说明试样锈层保护性随时间延长逐步下降，腐蚀程度较大。

表 5.1　Q235 整车不同部位道路强化腐蚀失重曲线拟合结果

材料	部位	A	n	R^2
Q235	前机盖	0.03164	1.6289	0.98919
	左底盘	0.08844	1.40542	0.98554
	前机舱	0.00407	1.6319	0.84379

5.1.4　试样腐蚀产物分析

整车试验后对不同试验周期 Q235 钢腐蚀产物的成分进行了 XRD 分析（如图 5.6 所示）。可以看出在整车腐蚀过程中，腐蚀产物主要为 β-FeOOH、α-FeOOH、γ-FeOOH、Fe_3O_4 和 $Fe(OH)_3$ 等。

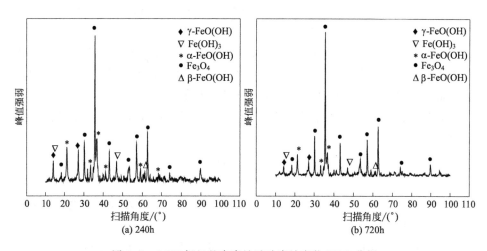

图 5.6　Q235 钢经整车腐蚀试验腐蚀产物 XRD 分析

随着试验周期的增长，腐蚀产物的主要组成没有变化。α-FeOOH 电化学稳定性良好，它的还原性是羟基氧化铁物中最弱的，其在锈层中含量的增加会抑制钢的电化学反应进程，从而降低钢的大气腐蚀速率，对锈层具有一定的保护作用。但 γ-FeOOH 和 β-FeOOH 对基体并没有保护作用，β-FeOOH 的存在可以促进 Cl^- 在锈层中的扩散，因为其形成需要卤素离子来稳定其晶体的隧道结构，并且 β-FeOOH 具有还原性，不利提高钢的抗腐蚀性能。此外，β-FeOOH、γ-FeOOH 是不稳定的产物，具有较强还原性，会增加阴极反应的活性区域，促进钢的基体腐蚀。锈层的主要组成从分析结果来看为 Fe_3O_4，所以锈层对基本没有保护作用。

5.2　Q235钢在卡车不同部位挂片腐蚀行为研究

由于载货汽车（重卡）不同部位结构特点和功能不同，导致其不同部位的微环境存在明显差异，其腐蚀行为和规律也存在明显的差异；且在实际道路情况下运行时，其大气温度、湿度和大气中的腐蚀性离子等因素对汽车不同部位材料的腐蚀影响差异较大，另外，还有砂石、泥浆等外来因素的影响。因此，本节系统研究典型金属材料Q235钢在卡车不同部位的动态腐蚀行为。

5.2.1　宏观腐蚀形貌分析

5.2.1.1　车顶部位宏观腐蚀形貌

车顶部位试样的汽车挂片腐蚀试验与在自然环境下的大气暴露试验相似，仅腐蚀状态不同，即将大气暴露的静态腐蚀转变为汽车挂片的动态腐蚀。该方法下试样的腐蚀主要受阳光照射、温湿度和雨水天气等因素影响较严重，受灰尘和泥土等杂质因素影响较小。宏观腐蚀形貌如图5.7所示，实验30d时，试样表面有明显黄褐色腐蚀产物；随着试验时间的延长，试样腐蚀程度不断增加，表面腐蚀产物颜色逐步由初期（30d）的黄褐色向后期（180d）的灰褐色转变；试验180d后，试样表面锈层逐步变得更加致密，对试样的腐蚀进程有一定的阻碍作用。

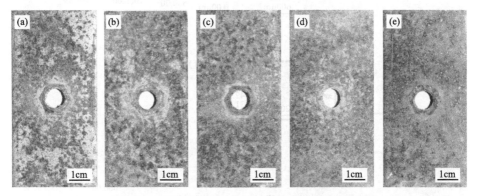

图5.7　Q235钢在汽车顶部各周期腐蚀宏观形貌图
(a) 30d；(b) 60d；(c) 90d；(d) 120d；(e) 180d

顶部试样按标准进行除锈处理，各周期除锈后腐蚀坑形貌如图 5.8 所示，实验 30d 后试样表面大部分区域较为平整，仅局部部位出现较大尺寸的腐蚀坑，但深度较浅为 $24.78\mu m$，说明试样初期腐蚀较轻；中后期试样表面腐蚀坑密度逐步增加，局部部位腐蚀坑尺寸及深度均明显增加；到 180d 时，试样表面大尺寸腐蚀坑密度较大，腐蚀坑深度达到 $106.46\mu m$，说明试验后期腐蚀程度较为严重。

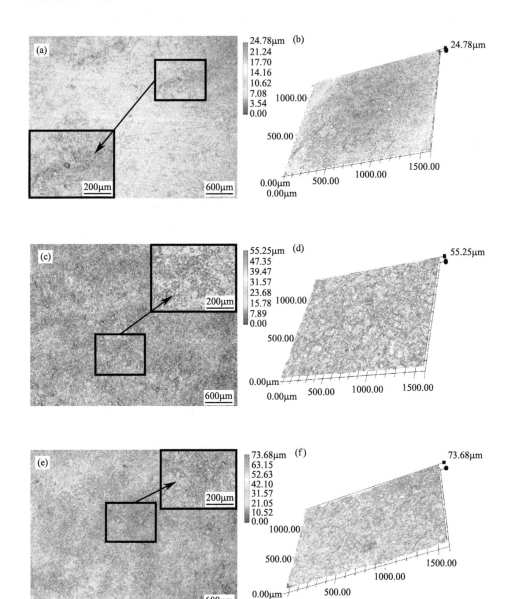

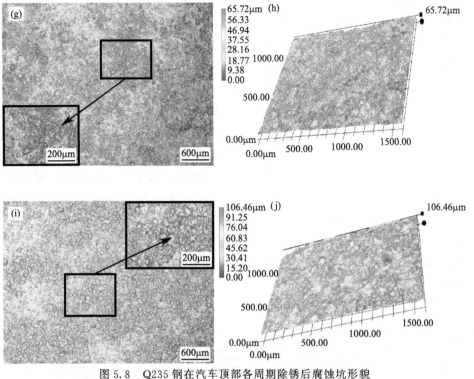

图 5.8 Q235 钢在汽车顶部各周期除锈后腐蚀坑形貌
(a)、(b) 30d; (c)、(d) 60d; (e)、(f) 90d; (g)、(h) 120d; (i)、(j) 180d

5.2.1.2 发动机部位宏观腐蚀形貌

车身发动机部位 Q235 钢在不同试验周期下挂片试样的宏观腐蚀形貌如图 5.9 所示。试验 30d 时,试样表面仅产生局部的轻微腐蚀且锈层非常薄,大

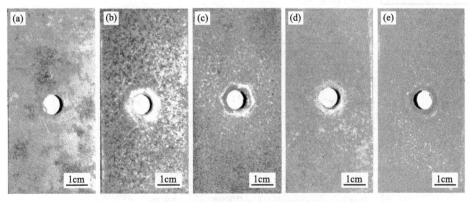

图 5.9 Q235 钢在汽车发动机部位各周期腐蚀宏观形貌图
(a) 30d; (b) 60d; (c) 90d; (d) 120d; (e) 180d

部分部位仍有金属光泽，这主要是因为发动机部位长期处于高温、低湿的干燥环境，致使试样相比其他部位腐蚀非常轻，腐蚀产物为黄褐色；但随着腐蚀时间的延长，腐蚀程度进一步加深，试样表面黄褐色腐蚀产物增加，金属光泽部位逐步减少；到试验后期，锈层基本覆盖试样表面，腐蚀产物为灰褐色，这可能是由于该部位的高温低湿环境导致的。

对除锈后发动机区域挂片试样表面进行观察（如图5.10所示），试验30d后试样表面大部分区域较为平整，仅局部区域出现较大尺寸但深度较浅腐蚀坑。试验60d后，试样腐蚀程度依然较低，局部区域腐蚀坑深度有所减低为$25.53\mu m$。之后随着试验周期的增加，试样表面腐蚀坑密度逐步增加，均匀腐蚀较为突出，腐蚀坑深度从实验90d的$29.49\mu m$到180d的$56.13\mu m$，腐蚀坑整体尺寸变化不大，说明试样总体腐蚀程度较低，这与宏观腐蚀形貌结果一致。到180d时试样表面腐蚀坑密度增加的同时，腐蚀坑深度也增加较为明显，说明试验后期发动机区域挂片试样腐蚀程度加剧。

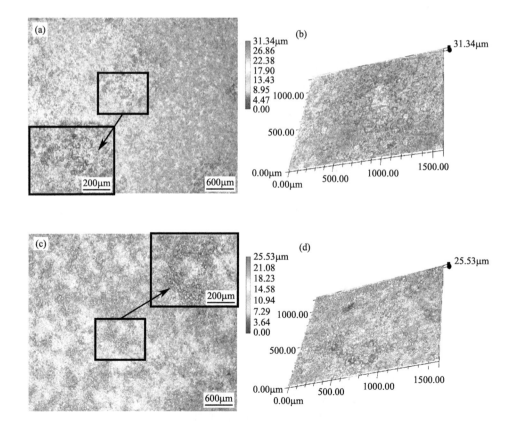

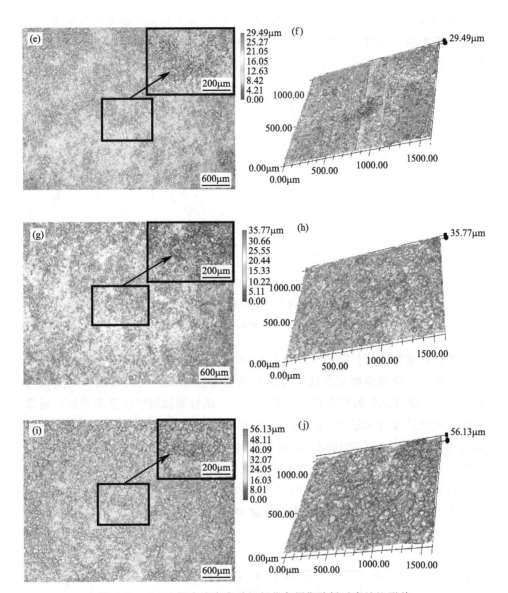

图 5.10 Q235 钢在汽车发动机部位各周期除锈后腐蚀坑形貌
(a)、(b) 30d;(c)、(d) 60d;(e)、(f) 90d;(g)、(h) 120d;(i)、(j) 180d

5.2.1.3 车底部位宏观腐蚀形貌

车头底部部位挂片试样试验 30d 后（如图 5.11 所示），试样表面产生锈蚀，同时较多部位仍有金属光泽，说明其腐蚀程度较低；随着腐蚀时间的延长，挂片试样腐蚀程度逐步增加，锈层厚度也逐步增加；试验 180d 时试样表面腐蚀程度进一步加剧，锈层变厚且致密，同时表面腐蚀产物有少量灰尘、泥土等杂质覆盖，对材料的腐蚀进程有一定的影响。由于试样处于车头底部，材料无法直接接触雨水等腐蚀介质，因此其总体腐蚀程度较轻。

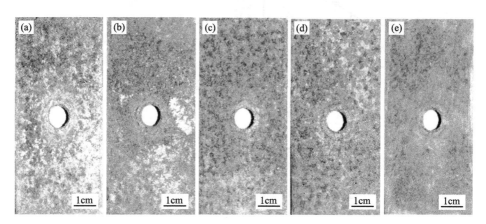

图 5.11 Q235 钢在汽车车头底部各周期腐蚀宏观形貌图
(a) 30d; (b) 60d; (c) 90d; (d) 120d; (e) 180d

将试样按标准进行除锈（如图 5.12 所示），试验 30d 后试样表面大部分部位较为平整，仅局部部位出现较大腐蚀坑但深度较浅，最大腐蚀坑深度仅为 $42.94\mu m$。随着试验时间推移，试验 60d 后，试样腐蚀坑密度逐步增加，局部区域腐蚀坑尺寸变大达到 $74.09\mu m$。试验 90d 后，试样腐蚀坑深度变化不明显仅为 $76.95\mu m$。试验 120d 时，试样基体腐蚀坑密度急剧增加，大腐蚀坑覆盖整个观察区域，最大腐蚀坑深度达到 $101.95\mu m$，此时试样整体腐蚀程度加剧。试验 180d 时，试样表面腐蚀坑尺寸和密度均进一步增加，最大腐蚀坑深度达到 $137.85\mu m$，说明试验后期试样腐蚀加剧。

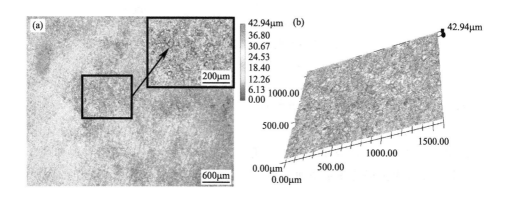

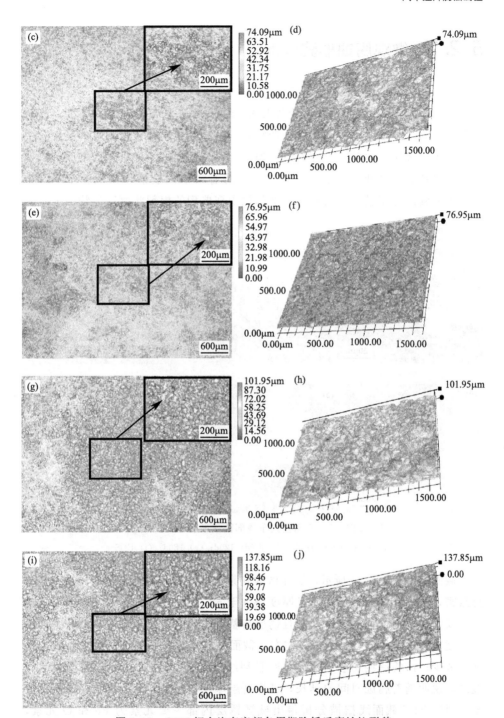

图 5.12 Q235 钢在汽车底部各周期除锈后腐蚀坑形貌

(a)、(b) 30d；(c)、(d) 60d；(e)、(f) 90d；(g)、(h) 120d；(i)、(j) 180d

5.2.2 微观腐蚀形貌分析

5.2.2.1 车顶部位微观形貌

图 5.13 为汽车顶部微观形貌及 EDS 分析，车头顶部试样腐蚀前期，材料表面主要为大小不一的团簇状腐蚀产物，同时局部锈层有较为明显的裂纹；中期试样锈层表面产生较大尺寸裂纹，但无裂纹处锈层较为致密；后期腐蚀程度增加，材料表面腐蚀产物细小且疏松，同时有较小的裂痕。在试验 180d 时，材料表面腐蚀程度进一步增加，局部部位出现典型的棉絮状腐蚀产物。

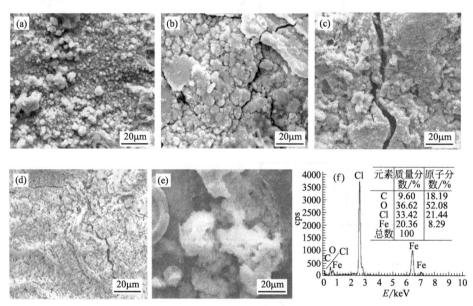

图 5.13 Q235 钢在汽车顶部微观形貌及 EDS 分析
(a) 30d; (b) 60d; (c) 90d; (d) 120d; (e) 180d; (f) EDS

截面形貌如图 5.14 所示，试样试验初期腐蚀程度小，锈层较薄（20.9μm）且致密，但到 60d 后锈层致密且厚度增加至 62.1μm，同时锈层与基体之间出现裂纹，说明前期试样腐蚀加剧且锈层与基体之间的结合力不强；试验中期锈层厚度变化不大，仅增加 10μm 左右，截面锈层由疏松逐步变得致密，裂纹也逐步减少；试验后期锈层结构较致密且裂纹数量减少，到 180d 后锈层无明显裂纹，说明随着腐蚀时间的延长，试样锈层厚度增加，同时锈层结构也变得致密。通过 EDS 截面线扫描分析得出试样锈层内部主要元素为 Fe 和 O 元素，同时还有较高含量的 Si 和 Ca 等杂质元素，主要是由于一些灰尘沉积在试样表面导致的。试验 60d 时试样锈层截面检测到有一定量的 Cl 元素，说明锈层结

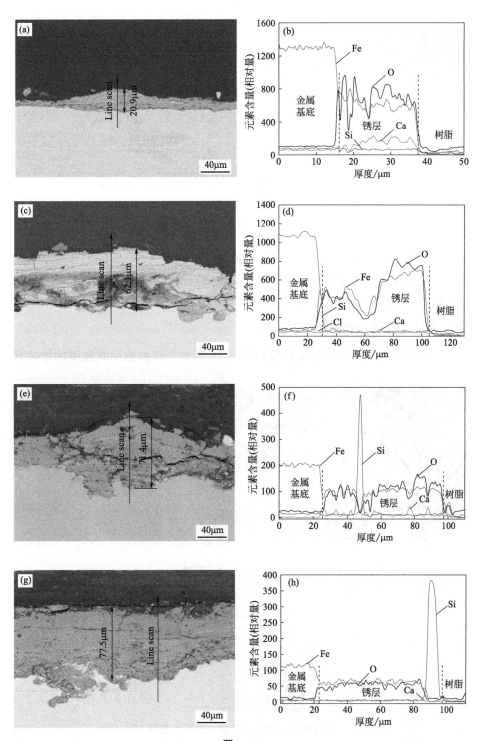

图 5.14

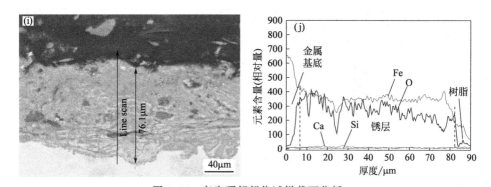

图 5.14　车头顶部部位试样截面分析

(a) (b) 30d；(c) (d) 60d；(e) (f) 90d；(g) (h) 120d；(i) (j) 180d

构疏松，致使 Cl^- 沉积在锈层内部；试验 90～120d 后试样 Si 元素逐步从内锈层向外锈层转移。腐蚀后期试样锈层结构致密，但有明显的暗黑色颗粒，根据上述分析结果发现该物质主要为 SiO_2 类杂质，因此锈层中杂质成分仍较多。

5.2.2.2　发动机部位微观形貌

发动机部位挂片试样微观形貌如图 5.15 所示，试验前期有较多的层片状

图 5.15　Q235 钢在汽车发动机部位微观形貌及 EDS 分析

(a) 30d；(b) 60d；(c) 90d；(d) 120d；(e) 180d；(f) EDS

腐蚀产物，裂纹尺寸较大；中期试样锈层变得致密，同时有较多的颗粒状杂质；试验后期，材料表面锈层结构逐步变得疏松多孔，腐蚀产物从针状和层片状腐蚀产物向棉絮状转变，说明试样后期腐蚀程度逐步增加。

截面形貌如图 5.16 所示，初期试样锈层结构较疏松，厚度仅有 15～25μm 左右。试验中期试样锈层厚度增加至 44.6μm，锈层结构较致密，但锈层与基体之间出现明显的裂纹，说明试样锈层较薄导致其与基体之间的结合力较差，在制样抛光时易出现裂纹。试验后期试样锈层结构较致密且整体厚度较

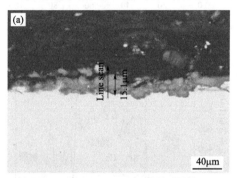
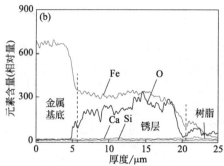
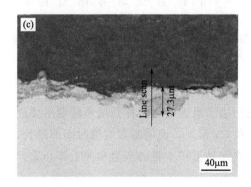
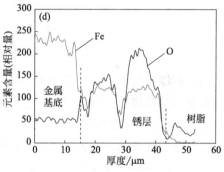
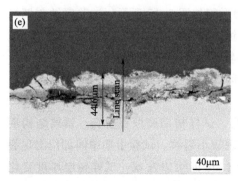
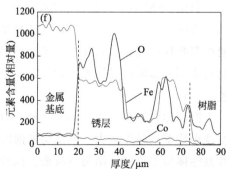

图 5.16

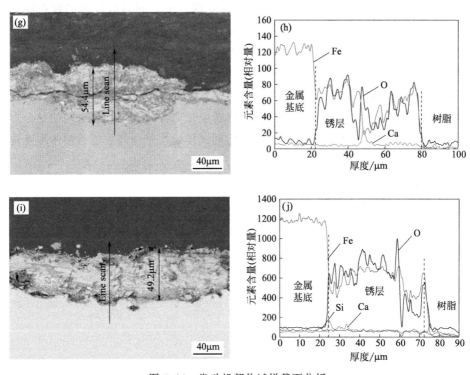

图 5.16 发动机部位试样截面分析
(a)、(b) 30d；(c)、(d) 60d；(e)、(f) 90d；(g)、(h) 120d；(i)、(j) 180d

均匀，但厚度增加不明显仅为 49.2μm，同时腐蚀坑较为平整，说明此时试样由前期的局部腐蚀向均匀腐蚀转变。线扫描结果表明，试样锈层中前期主要成分为 Fe 和 O，后期伴有一定含量的 Si 和 Ca 元素，说明随着腐蚀时间的延长，试样腐蚀程度增加，在大气环境下试样表面易沉积少量的灰尘和泥土等杂质。

5.2.2.3 车底部位微观形貌

利用 SEM 观察 Q235 钢的微观腐蚀形貌如图 5.17 所示。试验腐蚀前期材料表面腐蚀产物较为疏松，在 60d 时腐蚀产物为层片状，局部部位有裂纹；试验中期微观形貌显示腐蚀产物表面锈层较致密并有细小的裂纹；试验 180d 后材料表面局部部位腐蚀层较为致密，中间部位有大尺寸裂纹，同时有较多的白色晶粒状杂质。

截面形貌如图 5.18 所示，分析表明，试样初期腐蚀程度轻，锈层结构逐步变得致密且厚度较大，但锈层内部出现较小裂纹。试验中期中间部位出现裂纹且整体呈方块状，结构较疏松。试验 120d 时可以发现，试样锈层厚度变化不大，但右侧有明显的砂石、泥土等杂质，裂纹从泥土层中延伸至右侧锈层内

第 5 章 汽车挂片腐蚀试验

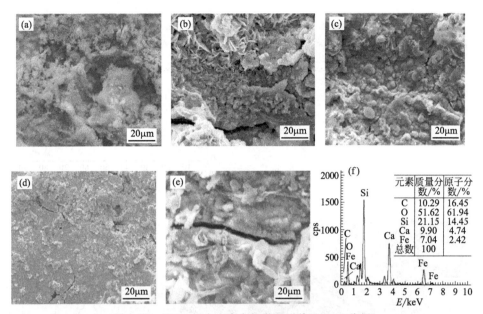

图 5.17　Q235 钢在汽车底部微观形貌及 EDS 分析
(a) 30d；(b) 60d；(c) 90d；(d) 120d；(e) 180d；(f) EDS

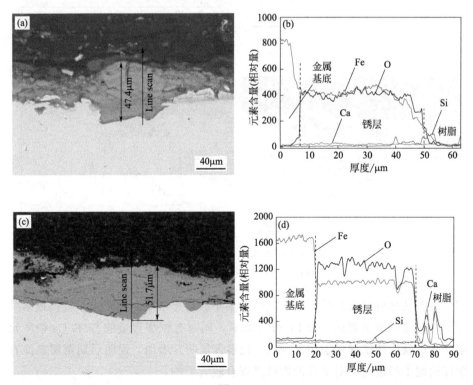

图 5.18

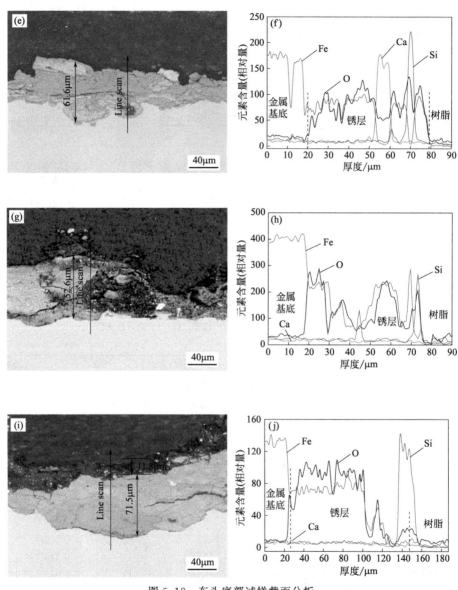

图 5.18 车头底部试样截面分析

(a) (b) 30d；(c) (d) 60d；(e) (f) 90d；(g) (h) 120d；(i) (j) 180d

部。说明试样后期腐蚀受泥土、灰尘和细小砂石等杂质影响较大。线扫描结果显示，试样锈层主要成分为 Fe 和 O 元素，同时有较高含量的 Si 和 Ca 杂质元素，在试验后期试样锈层中 Si 和 Ca 元素含量明显增加，说明后期锈层表面有较厚的泥土层覆盖，对试样的腐蚀进程有较大影响。

5.2.3 试样腐蚀动力学分析

图 5.19 为 Q235 钢在汽车不同部位的腐蚀失重及腐蚀速率曲线。随着腐蚀时间的延长,汽车不同部位试样的腐蚀失重数值均不断增加,其中在车身尾部的腐蚀失重数值最大,其次依次为底部、顶部以及发动机位置,最低为侧部。各部位试样的腐蚀速率随试验时间的延长呈下降趋势,汽车尾部试样的腐蚀速率最高,其次分别为底部和顶部,最低腐蚀速率的位置随试验时间的不同有些变化,试验初期腐蚀速率最低位置为发动机,中后期为侧部。试样试验初期腐蚀速率差异较大,试验后期腐蚀速率差异则逐渐减小,而该差异变化与腐蚀失重量试验前后期变化情况相反。因此试样腐蚀速率大小情况为:前期(30~75d)腐蚀速率由高到低依次为尾部>底部>顶部>侧部>发动机,中后期(75~180d)腐蚀速率由高到低依次为尾部>底部>顶部>发动机>侧部。试验初期各部位试样的腐蚀失重量相差较小,到后期其数值相差较大,说明各部位挂片试样的腐蚀程度存在差异。

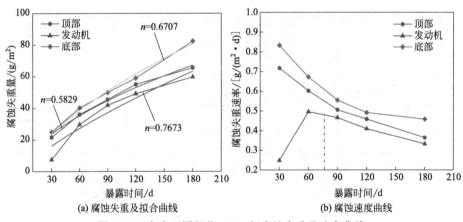

(a) 腐蚀失重及拟合曲线　　(b) 腐蚀速度曲线

图 5.19　车身不同部位 Q235 钢腐蚀失重及速率曲线

通过对腐蚀失重数据进行分析,腐蚀失重量与时间的关系符合幂函数规则,因此对图 5.19(a)中腐蚀失重数据根据式(5.2)进行幂指数拟合,相关拟合参数见表 5.2。

表 5.2　腐蚀动力学拟合相关参数

部位	A	n	R^2
顶部	3.2564	0.5829	0.9859
发动机	1.1793	0.7673	0.8986
底部	2.4847	0.6707	0.9905

根据相关研究可知[15~18]，拟合 n 值常作为腐蚀速率或锈层保护性好坏的参考，同时影响 n 值大小的主要因素有大气环境质量以及锈层的特性变化。车顶部位试样拟合 n 值最低为 0.5829，说明试验后期锈层保护性增加，腐蚀程度逐步降低，这可能是由于后期锈层较厚导致的；而失重量相对较低的发动机部位试样拟合 n 值最高为 0.7673，说明试样后期锈层保护性相对较差，腐蚀程度较大；底部部位试样拟合 n 值较高为 0.6707，且其初期腐蚀速率较高，其腐蚀程度总体显示相对较严重。

5.2.4 试样腐蚀产物分析

图 5.20 为汽车不同部位挂片试样动态腐蚀后表面腐蚀产物分析结果。发现不同部位试样表面锈层的物相组成差异不大，各个部位试样表面锈层主要成分为 $Fe_2O_3 \cdot H_2O$、α-FeOOH、γ-FeOOH、$Fe(OH)_3$ 氧化腐蚀产物以及 SiO_2 和 $CaCO_3$ 杂质，其中发动机部位试样仅存在 α-FeOOH 和 γ-FeOOH 两种腐蚀产物。试样试验初期腐蚀程度低且锈层薄，因此需将试样切割成小块，检

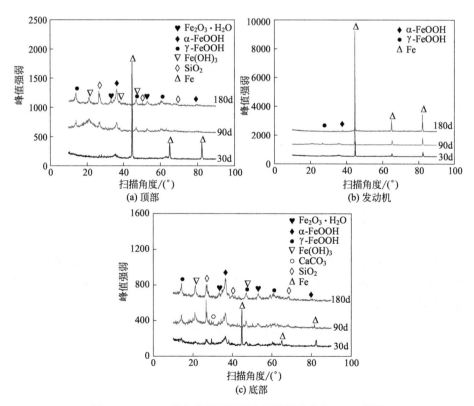

图 5.20　Q235 钢在车身不同部位试样腐蚀产物 XRD 图谱

测分析时激光射线易穿过锈层到达金属基体,从而检测出较高含量的 Fe 元素。试样表面泥土覆盖较为严重的底部检测出较高含量的 SiO_2 和 $CaCO_3$,顶部仅检测出少量的 SiO_2 成分。根据相关文献可知[19~21],γ-FeOOH 是由腐蚀中间产物 $FeOH^+$ 被 O_2 快速氧化生成的,为不稳定性产物,具有较强的还原性,客观上增加了阴极反应的活性部位,从而加速钢在大气中的腐蚀进程,它会通过无定性产物向稳定性产物 α-FeOOH 转变,致使腐蚀产物对基体起保护作用。

5.2.5 腐蚀电化学分析

除了材料结构和环境因素,金属材料表面形成的锈层的腐蚀行为对电化学过程也有重要影响。为了进一步研究 Q235 钢在大气环境下的腐蚀行为,将货车不同部位挂片试样进行电化学交流阻抗分析如图 5.21 所示,车顶部位 30d 时试样阻抗曲线表现为一条直线,之后试样阻抗曲线主要表现为各频区的大容

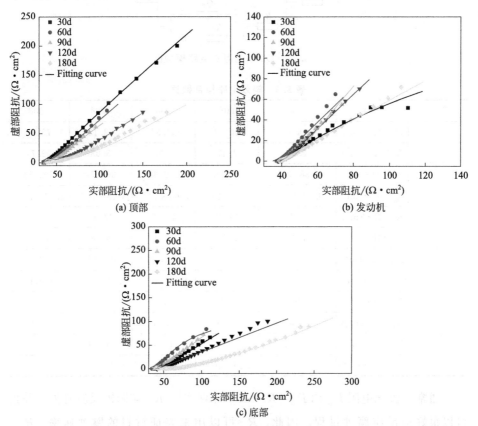

图 5.21 电化学曲线阻抗数据分析

抗弧，并且随着试验时间的延长，容抗弧半径逐步增加。发动机部位试样在各个周期的电化学阻抗曲线高频区均表现为大的容抗弧，并且随着腐蚀时间的延长，容抗弧半径不断扩大。车底部位试样前中期表现为高频区小容抗弧和低频区的不明显大容抗弧，后期则表现为高中低频区的大容抗弧。

根据试验结果可知，汽车部分部位挂片试样表面锈层有泥土层沉积，导致泥土层与锈层、锈层与基体之间易形成电容和电阻，从而影响试样的腐蚀进程。根据该锈层结构采用图5.22的等效电路图进行阻抗拟合。其中等效元件R_s表示溶液电阻；C_{dl}代表恒定相位元素，主要考虑到材料表面的粗糙度和不均匀性，使用恒定相角元素（C_{dl}）代替理想的电容C；Q_{dl}表示双电极层的电容；R_r代表腐蚀产物膜电阻；R_{ct}代表电荷转移电阻；W代表Warburg半无限扩散阻抗。拟合数据见表5.3。

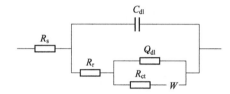

图5.22　Q235钢等效电路模型图

表5.3　等效电路拟合数据

部位	项目	30d	60d	90d	120d	180d
车顶	$R_s/(\Omega \cdot cm^2)$	40.02	40.23	41.87	52.13	73.25
	$R_r/(\Omega \cdot cm^2)$	2.96	4.17	4.88	5.08	12.74
	$R_{ct}/(\Omega \cdot cm^2)$	88.06	129.97	239.31	264.77	294.53
	$C_{dl}/(\mu F \cdot cm^2)$	6.49×10^{-4}	4.85×10^{-4}	7.68×10^{-5}	3.18×10^{-6}	5.27×10^{-7}
发动机	$R_s/(\Omega \cdot cm^2)$	43.92	43.24	43.12	42.38	43.9
	$R_r/(\Omega \cdot cm^2)$	1.66	2.19	3.01	3.18	3.08
	$R_{ct}/(\Omega \cdot cm^2)$	144.6	130.82	212.34	262.09	316.89
	$C_{dl}/(\mu F \cdot cm^2)$	3.42×10^{-3}	4.54×10^{-3}	3.12×10^{-4}	1.04×10^{-5}	2.41×10^{-6}
车头底部	$R_s/(\Omega \cdot cm^2)$	44	39.49	43.61	51.35	63.64
	$R_r/(\Omega \cdot cm^2)$	1.68	2.16	2.38	2.88	5.96
	$R_{ct}/(\Omega \cdot cm^2)$	82.12	152.6	210.31	364.3	420.1
	$C_{dl}/(\mu F \cdot cm^2)$	4.71×10^{-4}	8.54×10^{-4}	1.5×10^{-5}	8.1×10^{-7}	1.16×10^{-7}

通常，极化电阻R_p由$R_p=R_r+R_{ct}$计算[22]。R_p与阳极反应有关，并且可以很好地反应腐蚀过程。因此，R_p可以用来表征材料的腐蚀速率，R_p^{-1}

(R_p 的倒数)可以更直观地表征钢的腐蚀反应[23]。图 5.23 为线性极化电阻 R_p 的倒数随暴露时间的变化情况。线性极化电阻的倒数与腐蚀电流密度成正比,而腐蚀电流密度与腐蚀速率成正比。货车不同位置试样随暴露时间的延长,极化电阻的倒数值总体上不断降低,其变化情况与腐蚀速率[图 5.19 (b)]基本保持一致,成正比关系。

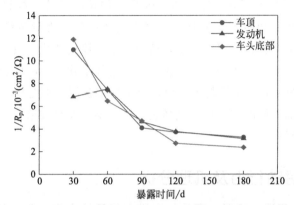

图 5.23　Q235 钢极化电阻 $1/R_p$ 随暴露时间的变化曲线

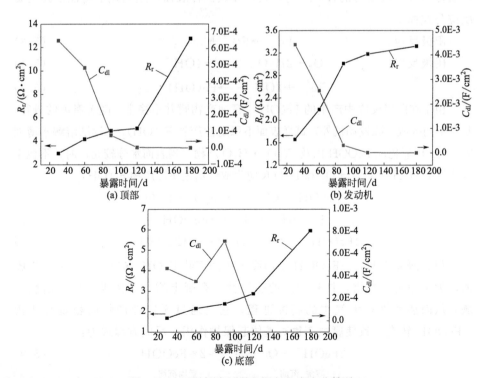

图 5.24　不同部位试样电阻与电容变化情况

将拟合数据腐蚀产物膜电阻 R_r 和电容 C_{dl} 的值进行作图（图 5.24）得出，汽车不同部位挂片试样的腐蚀产物膜电阻 R_r 随着暴露时间的延长而不断增加；恒定相位电容 C_{dl} 随着暴露时间的延长总体上逐渐减小，这意味着随着暴露时间的增加，锈层的厚度逐步增加。但是图中观察到车头底部挂片试样的电容 C_{dl} 值的波动趋势并不是逐步下降的，在 30～90d 之间 C_{dl} 的值有所上升，90～120d 后急剧下降，这可能是因为该部位的挂片试样锈层表面沉积有较多的泥土、灰尘和砂石等杂质，从而改变锈层致密性导致锈层结构发生变化；根据截面结果分析发现，其变化情况与锈层厚度变化一致。车身顶部和发动机部位变化趋势基本相同，说明锈层结构总体变化是不断增加的。所有部位试样电容 C_{dl} 的值到后期均趋于平稳，说明后期锈层结构变化不大，主要是因为锈层厚度增加，同时部分部位试样表面泥土层变厚且致密，对试样的腐蚀进程有一定的阻碍作用。

5.2.6 腐蚀行为及机理分析

Q235 钢在高温、高湿、高盐的海洋大气环境中进行整车挂片腐蚀试验，表面易形成一层较薄的含 Cl^- 的水膜，导致试样表面产生电化学腐蚀。其主要反应公式如下：

阳极反应：
$$Fe \longrightarrow Fe^{2+} + 2e \tag{5.3}$$

阴极反应：
$$O_2 + 2H_2O + 4e \longrightarrow 4OH^- \tag{5.4}$$

$$Fe^{2+} + 2OH^- \longrightarrow Fe(OH)_2 \tag{5.5}$$

由于在阴极反应中产生的 $Fe(OH)_2$ 腐蚀产物膜并不稳定，随着腐蚀的进行，整车不同区域（除发动机外）试样表面不稳定性产物 $Fe(OH)_2$ 与逐渐溶解于薄液膜中的 O_2 氧化成 FeOOH 以及 $Fe_2O_3 \cdot H_2O$ 产物。当表面水分较充足时，不稳定性产物 $Fe(OH)_2$ 又会与 O_2 和 H_2O 反应生成红褐色腐蚀产物 $Fe(OH)_3$。

$$Fe(OH)_2 + O_2 \longrightarrow Fe_2O_3 \cdot H_2O \tag{5.6}$$

$$Fe(OH)_2 + O_2 \longrightarrow FeOOH \tag{5.7}$$

$$4Fe(OH)_2 + O_2 + 2H_2O \longrightarrow 4Fe(OH)_3 \tag{5.8}$$

相关研究表明，γ-FeOOH 是由腐蚀中间产物 $FeOH^+$ 被 O_2 快速氧化生成的，为不稳定性产物，具有较强的还原性，客观上增加了阴极反应的活性区域，从而加速钢在大气中的腐蚀进程，它会通过无定性产物向稳定性产物 α-FeOOH 转变，致使腐蚀产物对基体起保护作用，反应方程式为：

$$2FeOH^+ + O_2 + 2e \longrightarrow 2\gamma\text{-}FeOOH \tag{5.9}$$

$$\gamma\text{-}FeOOH \xrightarrow{\text{溶解、沉淀}} 无定性产物 \xrightarrow{\text{凝固沉淀}} \alpha\text{-}FeOOH \tag{5.10}$$

其整体反应机制为：

$$Fe \xrightarrow{溶解} Fe^{2+} \xrightarrow{水解} FeOH^+ \xrightarrow{氧化、沉淀} \gamma\text{-}FeOOH \xrightarrow{溶解、沉淀}$$

$$无定性产物 \xrightarrow{凝固沉淀} \alpha\text{-}FeOOH$$

XRD 分析结果表明，整车不同区域挂片试样表面腐蚀产物主要成分为 $Fe_2O_3 \cdot H_2O$、$\alpha\text{-}FeOOH$、$\gamma\text{-}FeOOH$ 和 $Fe(OH)_3$ 氧化物以及 SiO_2 和 $CaCO_3$ 杂质。整车挂片试验在动态腐蚀过程中，汽车行驶的路况差异较大，当行驶通过灰尘较大路况时，由于锈层表面较强的吸附作用而沉积有泥土、SiO_2 和 $CaCO_3$ 等杂质，它们表面存在差异较大的结合能点，从而进一步增强锈层表面的吸附能力，促进钢的腐蚀进程。但到试验后期由于沉积在试样表面的泥土层变得致密，阻碍了外界 O_2、H_2O 以及 Cl^- 等介质向锈层内部渗透，从而降低材料的腐蚀进程。

本次试验是处于海洋大气环境下的动态腐蚀过程，不同区域的挂片试样其腐蚀模型如图 5.25 所示。

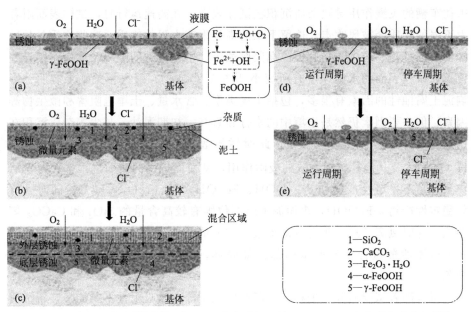

图 5.25　腐蚀机理示意图 [(a)~(b) 为发动机区域；(c)~(e) 为车顶和底盘区域]

试样在汽车不同部位所处的局部微环境的不同，使腐蚀机理存在较大差异。其中发动机部位试样由于局部高温低湿的环境特点，其腐蚀主要受局部的温度和湿度影响；而其他部位试样在受温度和湿度影响的同时，也受外界沉积在试样表面泥沙、灰尘及碎石等因素的影响，具体分析如下。

Q235钢在海洋大气环境下进行汽车不同部位挂片试验，当降雨天或空气湿度较大时，试样表面会被雨水淋湿或覆盖一层液体薄膜。在试验初期[图5.25(a)]，试样受液体薄膜的影响，此时基体与O_2、H_2O以及Cl^-等介质相互作用形成局部微电池而发生电化学腐蚀，腐蚀产物则以γ-FeOOH为主。由于β-FeOOH仅在高Cl^-浓度条件下出现，在没有β-FeOOH的情况下，γ-FeOOH是影响腐蚀行为的主要因素。

试验中期[图5.25(b)]，汽车顶部位置试样与大气暴露试验相当，大气暴露试验为静态暴晒试验，而汽车挂片试验为动态腐蚀试验。当汽车经过灰尘严重的道路时，空气中扬起的灰尘杂质与试样表面接触而沉积下来，但在汽车行驶过程中，部分灰尘会被吹走以及雨水的流动带走，尽管如此，仍有部分灰尘遗留在试样表面。因此该部位试样受空气中扬起的灰尘影响较轻，但与汽车发动机部位试样相比影响相对较重。

汽车在雨天高速运行时，由于车轮的旋转作用，路面雨水和泥土等杂质会飞溅到底部区域试样表面，但不同区域杂质的沉积因素不同。车身侧部容易受来往车辆的飞溅作用导致杂质沉积在试样表面，在高速运行时，试样表面附着力不强的物质会被风吹走，遗留下来的则是附着力强的物质，这些物质参与试样的腐蚀过程，产生灰尘腐蚀或泥浆腐蚀等，由于泥土的吸附及渗透作用导致覆盖在试样表面的水膜厚度有所变小[图5.25(b)]。根据相关结果表明，影响泥土腐蚀性的因素有很多，包括土壤类型、含水量、土壤电阻率和微生物等因素，但主要因素仍然是土壤中的水分和氧气。初期泥沙、灰尘等杂质沉积在锈层表面，泥土层较薄且疏松，此时锈层表面空隙较多，增加锈层对O_2、H_2O、Cl^-及其他易腐蚀物质的吸附作用，从而促进钢的腐蚀进程。此时锈层集聚大量不稳定性产物如γ-FeOOH、$Fe(OH)_3$和$Fe_2O_3 \cdot H_2O$，同时含有较稳定性产物α-FeOOH，表面泥土层部位则有较高含量的SiO_2和$CaCO_3$等杂质。此时氯离子进一步向内部渗透，腐蚀情况进一步增加，该阶段主要体现在一些泥沙覆盖程度较严重的部位如底部，容易造成灰尘腐蚀和泥土腐蚀现象。

试样随着试验时间的推移，表面锈层泥土等杂质吸附性不断加强，新杂质会逐渐在锈层上遗留下来，从而与泥土、砂石等相结合形成混合区[图5.25(c)]，此时锈层内部含有大量泥土和砂石等杂质，阻碍试样的腐蚀进程，同时泥土层中某些微量元素也渗透进锈层。部分微量元素（如Mn）对试样的腐蚀进程有一定的促进作用，而其他元素（如Co）则会增加它的耐腐蚀性，但由于这类元素含量相对较少，因此对材料的腐蚀性能影响不大。当泥土层变厚且致密时，影响O_2、H_2O和Cl^-等物质的渗透，从而影响钢的腐蚀进程。

试样在半封闭状态下的发动机部位[图5.25(d)和图5.25(e)],表面不易沉积灰尘和泥土等杂质,锈层表面无明显的泥土致密层,此时灰尘对试样的腐蚀影响不明显。汽车在运行阶段[图5.25(e)左边],发动机部位温度持续升高,湿度逐渐降低,导致试样一直处于高温低湿环境下,表面仅有少量雨滴沉积,此时腐蚀类型主要为点蚀;当汽车处于夜间停放时[图5.25(e)右边],试样周围温度下降至与大气温度相当,同时由于试样处于遮挡状态,降雨时雨水无法直接淋到试样表面,但表面会沉积有少量的液体薄膜,其湿度与其他部位比相对较低。总体上试样处于一个较为明显的干湿循环状态下,但干燥温度高且作用时间长,相对湿度非常低且作用时间短,导致试样腐蚀程度非常低,表面锈层疏松且薄。根据式(5.7)和式(5.8)可知,当试样表面水分非常低时,薄液膜中溶解氧非常低,阴极反应减弱,导致腐蚀产物中无法轻易形成 $Fe_2O_3 \cdot H_2O$ 和 $Fe(OH)_3$,XRD 分析时仅检测出少量的 α-FeOOH 和 γ-FeOOH 产物。

本章小结

本章主要介绍 Q235 钢分别在轿车和卡车不同部位的挂片试验,得出以下结论:

① Q235 钢在轿车不同部位挂片的腐蚀失重随着试验周期增加而逐渐增高;整体而言腐蚀程度大小为:前机盖>左底盘>前机舱。除前机舱外其余部位试样腐蚀速率均逐渐增大,其中前机盖处试样腐蚀速率变化较为复杂;前机舱处试样腐蚀速率较小且变化不大。Q235 钢在卡车不同部位挂片的腐蚀程度与试验时间变化一致,但腐蚀速率却相反;腐蚀失重数值与腐蚀速率大小变化情况依次为:试验前期(30~75d)由高到低依次为尾部>底部>顶部>侧部>发动机,到中后期(75~180d)由高到低依次为尾部>底部>顶部>发动机>侧部。

② Q235 钢在轿车不同部位挂片试验前期形成的锈层表面形貌多为层片状和团簇状,锈层组成疏松,拥有很多孔隙和孔洞。随着时间的延长,层片状减少,团簇状变多。并且在后期团簇状产物部分相连,形成类似网状,但空隙依旧存在。锈层内仍然存在孔隙和孔洞,所以不能阻止腐蚀介质的进入,仍然无法有效减缓腐蚀进程。Q235 钢在卡车不同部位试验后,底部试样沉积有较厚泥土和砂石等杂质,因此微观形貌显示腐蚀产物中有明显白色片状和颗粒状晶体,同时表面形成较厚的泥土致密层;汽车发

动机部位和顶部在试验初期试样腐蚀产物形貌以层片状和针状为主，后期则以团簇状为主，同时各部位试样表面微观形貌均有明显裂纹。

③ Q235 钢在轿车不同部位挂片试验后腐蚀产物主要组成为：γ-FeOOH、α-FeOOH、β-FeOOH、Fe_3O_4 和 $Fe(OH)_3$ 等。锈层的主要的组成从分析结果为 Fe_3O_4，锈层对基体的保护作用有限。Q235 钢在卡车不同各部位动态腐蚀后，发动机部位试样锈层主要成分为 α-FeOOH 和 γ-FeOOH 两种，其他部位试样锈层成分组成主要为 $Fe_2O_3 \cdot H_2O$、α-FeOOH、γ-FeOOH 以及 $Fe(OH)_3$，同时还存在 SiO_2 和 $CaCO_3$ 等杂质。

④ 轿车不同部位试样道路强化腐蚀试验动力学方程：

前机盖 $\Delta W = 0.03164 t^{1.6289}$

左底盘 $\Delta W = 0.08844 t^{1.40542}$

前机舱 $\Delta W = 0.00407 t^{1.6319}$

⑤ Q235 钢挂片试样在卡车不同各部位腐蚀后，随暴露时间的延长，极化电阻的倒数值总体上不断降低，其倒数变化情况与腐蚀速率变化曲线基本保持一致，成正比关系；试样的腐蚀产物膜电阻 R_f 与暴露时间变化保持一致，恒定相位电容 C_{dl} 与暴露时间变化相反，这说明暴露时间延长的同时锈层厚度也逐步增加。

参 考 文 献

[1] 马坚，揭敢新，刘强，等.汽车气候老化应用技术［M］.广州：华南理工大学出版社，2013.

[2] 何德洪，苏艳，杨万均.汽车整车及零部件大气暴露试验方法探讨［J］.装备环境工程，2007，4(6)：7-12.

[3] 张晓东，王俊，揭敢新，等.汽车整车在海南湿热环境下的大气暴露试验研究［J］.汽车工艺与材料，2014(11)：40-43.

[4] 徐书玲.国产汽车耐腐蚀实验研究［J］.汽车技术，2002(3).

[5] 王海涛.浅谈汽车整车腐蚀［J］.轻型汽车技术，2007(2)：22-24.

[6] 李彤.国产汽车防腐现状及对策［J］.汽车技术，2002.

[7] GB/T 732—2005.乘用车强化腐蚀实验方法［S］.

[8] 徐书玲.国产汽车耐腐蚀试验研究［J］.汽车技术，2002(03)：21-24.

[9] 王永豪，蔡元平.汽车整车腐蚀试验主观评价方法的探讨［J］.环境技术，2014(1)：6-9.

[10] 魏一凡，李强.汽车整车功能腐蚀评估方法的研究［J］.时代汽车，2019(09)：9-11.

[11] 任凯旭，张瑾，孙建亮.汽车大气腐蚀/老化试验标准分析［J］.环境技术，2017，35(06)：83-86.

[12] 任凯旭，张瑾，刘雪峰.动态环境下的车用材料腐蚀试验及分析方法［J］.科学技术与工程，

2019, 19 (25): 341-350.

[13] 刘海鹏. 汽车道路强化腐蚀试验及评价方法探讨 [J]. 全面腐蚀控制, 2016, 30, (08): 50-51.

[14] 李晓刚, 肖葵, 董超芳, 等. 我国海洋大气腐蚀分级分类与机理 [C]. 2014 海洋材料腐蚀与防护大会论文集, 2014: 7-24.

[15] Legault R A, Preban A G. Kinetics of the atmospheric corrosion of low-alloy steels in an industrial environment [J]. Corrosion, 1975, 31 (4): 117-122.

[16] Lan T T N, Thoa N T P, Nishimura R, et al. Atmospheric corrosion of carbon steel under field exposure in the southern part of Vietnam [J]. Corrosion Science, 2006, 48 (1): 179-192.

[17] Lien L T H, San P T, Hong H L. Results of studying atmospheric corrosion in Vietnam 1995-2005 [J]. Sci Technol Adv Mat, 2007, 8 (7-8): 552-558.

[18] Ma Y, Li Y, Wang F. The atmospheric corrosion kinetics of low carbon steel in a tropical marine environment [J]. Corrosion Science, 2010, 52 (5): 1796-1800.

[19] Hœrlé S, Mazaudier F, Dillmann P, et al. Advances in understanding atmospheric corrosion of iron. Ⅱ. Mechanistic modelling of wet-dry cycles [J]. Corrosion Science, 2004, 46 (6): 1431-1465.

[20] Antony H, Perrin S, Dillmann P, et al. Electrochemical study of indoor atmospheric corrosion layers formed on ancient iron artefacts [J]. Electrochimica Acta, 2007, 52 (27): 7754-7759.

[21] 宋立英. 紫外线照射对 Q235 碳钢和 09CuPCrNi 耐候钢的大气腐蚀的作用 [D]. 中国科学院研究生院（海洋研究所）, 2015.

[22] Fan Y, Liu W, Li S, et al. Evolution of rust layers on carbon steel and weathering steel in high humidity and heat marine atmospheric corrosion [J]. Journal of Materials Science & Technology, 2020, 39 (2): 190-199.

[23] Thee C, Hao L, Dong J, et al. Atmospheric corrosion monitoring of a weathering steel under an electrolyte film in cyclic wet-dry condition [J]. Corrosion Science, 2014, 78: 130-137.

第 6 章

汽车材料腐蚀试验相关性

　　材料腐蚀是多种因素协同作用的结果，这些影响因素众多且作用机制复杂，材料在不同环境体系下的腐蚀情况也不尽相同，要确定不同试验条件下材料腐蚀的关联程度，需进行相关性研究分析，以确定不同加速腐蚀试验方案与实际暴露环境之间的相关性，为材料腐蚀研究提供技术参考。汽车材料腐蚀试验相关性研究是通过将一系列室内外的汽车材料腐蚀试验结合起来研究不同试验之间的关联程度，进而确定不同试验之间相关性的一种研究方法。对于室内加速腐蚀试验，可用室外的整车道路强化腐蚀试验、实际环境暴晒试验等试验进行参考，如果两个试验之间的相关性较好，则两种条件下材料的腐蚀情况接近，可用室内加速腐蚀试验的腐蚀量来近似估算室外的整车道路强化腐蚀试验或实际环境暴晒下的腐蚀量，如果两个试验的相关性较差，则需要进一步考察不同试验条件下的腐蚀影响因素的差异。

6.1　灰色关联分析

　　在控制论中，常用"黑"表示信息未知，"白"表示信息完全明确，而"灰"介于"黑"与"白"之间，相应地信息部分明确、部分未知的系统称为灰色系统[1,2]。材料腐蚀是一个多因素共同作用的结果，腐蚀体系包含的因素众多，作用机理复杂，虽已建立了一些腐蚀数据库与理论机制，但仍有很多问题尚不明确，因此可以认为腐蚀体系是一个典型的灰色系统，可用灰色系统理论来解决腐蚀相关科学问题[3,4]。

　　灰色相关分析是灰色系统理论的一部分，它通过简单的数学程序来确定参考序列和比较序列之间的关联系数和关联度,进而寻找复杂灰色系统中的主要因素[5]。灰色相关分析包括多种量化模型[6],其中邓氏模型算法较为成熟、计算简便,得到了广泛的应用,依据邓氏关联度的计算方法[7],不同数据列 x_1、x_2、x_3 与参考数据列 x_0 之间的灰关联度 γ 可以描述两个统计量的关联程度:

$$\gamma_{0i} = \frac{1}{n}\sum_{k=1}^{n}\xi_{0i}(k) \tag{6.1}$$

$$\xi_{0i}(k) = \frac{\min\limits_{i}\min\limits_{k}|Y_0(k)-Y_i(k)| + \rho\max\limits_{i}\max\limits_{k}|Y_0(k)-Y_i(k)|}{|Y_0(k)-Y_i(k)| + \rho\max\limits_{i}\max\limits_{k}|Y_0(k)-Y_i(k)|} \tag{6.2}$$

式中,标准化序列为:

$$Y_0(k) = \{x_0(k)/x_0(1)\} = \{Y_0(1), Y_0(2), Y_0(3), \cdots, Y_0(n)\} \tag{6.3}$$

$$Y_i(k) = \{x_i(k)/x_i(1)\} = \{Y_i(1), Y_i(2), Y_i(3), \cdots, Y_i(n)\} \tag{6.4}$$

绝对差序列为:

$$\Delta_{0i}(k) = |Y_0(k) - Y_i(k)| \tag{6.5}$$

$k=1,2,\cdots,n$;$i=1,2,\cdots,m$;$\max\limits_{i}\max\limits_{k} = |Y_0(k)-Y_i(k)|$ 与 $\min\limits_{i}\min\limits_{k} = |Y_0(k)-Y_i(k)|$ 分别为两级最大差与最小差;ρ 为分辨系数,$0<\rho<1$,一般取 0.5;$\gamma_{0i}(Y_0,Y_i)$ 称为灰色关联度,关联度大于 0.6 说明序列间具有关联,并且值越大说明序列间关联性越强。

6.2 汽车腐蚀试验相关性分析

前面章节中分别给出了汽车结构件材料的户外挂片试验和室内加速试验结果,下面将以中性盐雾试验、大众汽车 PV1210 循环盐雾试验、日产汽车 M0158(2)循环盐雾试验和户外整车道路强化腐蚀试验为基础,以 Q235 碳钢为例进行相关性计算以及寿命模型预测。

6.2.1 中性盐雾试验与整车道路强化腐蚀试验相关性分析

6.2.1.1 腐蚀产物相关性

以 Q235 碳钢为例,其在中性盐雾试验后的腐蚀产物主要由 Fe_3O_4、α-FeOOH、β-FeOOH、γ-FeOOH 组成,而经过整车道路强化腐蚀试验的腐

蚀产物由 Fe_3O_4、$\alpha\text{-FeOOH}$、$\beta\text{-FeOOH}$、$\gamma\text{-FeOOH}$ 和 $Fe(OH)_3$ 组成。

腐蚀产物物相分析显示，Q235 碳钢在中性盐雾试验下的腐蚀产物与整车道路强化试验腐蚀产物基本相同，均含 Fe_3O_4、$\alpha\text{-FeOOH}$、$\beta\text{-FeOOH}$、$\gamma\text{-FeOOH}$，区别在于整车道路强化腐蚀试验的腐蚀产物种类比中性盐雾试验多一种 $Fe(OH)_3$，$Fe(OH)_3$ 是腐蚀初期的产物，会随着干湿交替过程而转化为 FeOOH，因此从腐蚀产物角度分析，可以认为整车道路强化试验与中性盐雾试验具有关联性。

6.2.1.2 腐蚀动力学相关性

① 指定参考数据列和比较数据列。将 Q235 碳钢在中性盐雾试验不同周期的腐蚀失重数据（g/m^2）作为参考序列 $x_0(k)$，$k=1,\cdots,5$，以整车道路强化腐蚀试验不同周期的腐蚀失重数据（g/m^2）作为比较序列 $x_i(k)$，$k=1,\cdots,5$。参考序列和比较序列对应的时间序列为相同的试验周期（240h、480h、720h、960h、1200h）。利用灰色关联分析法计算中性盐雾试验与整车道路强化腐蚀试验之间的关联度。表 6.1 为 Q235 碳钢的整车道路强化腐蚀试验和中性盐雾试验不同周期的腐蚀失重原始数据。

表 6.1　Q235 碳钢整车道路强化腐蚀和中性盐雾试验腐蚀失重原始数据

单位：g/m^2

试验时间	中性盐雾 X_0	前机盖 X_1	左底盘 X_3
240h(240h)	313.94	276.93	204.02
480h(480h)	616.87	646.98	465.26
720h(720h)	940.65	1509.4	981.43
960h(960h)	1243.32	2255.12	1350.03

② 对原始腐蚀数据进行初值化处理。按照式(6.3)和式(6.4)对表 6.1 中各数据列分别进行初值化处理，得到标准化序列。结果如表 6.2 所示。

表 6.2　Q235 碳钢整车道路强化腐蚀和中性盐雾试验腐蚀数据初值化处理值

试验时间	中性盐雾 Y_0	前机盖 Y_1	左底盘 Y_3
240h(240h)	1.0000	1.0000	1.0000
480h(480h)	1.9649	2.3363	2.2805
720h(720h)	2.9963	5.4505	4.8105
960h(960h)	3.9604	8.1433	6.6171

③ 根据表 6.2 求出绝对差 $\Delta_{0i}(k)=|Y_0(k)-Y_i(k)|$，得绝对差序列，结果如表 6.3 所示。

表 6.3　Q235 碳钢整车道路强化腐蚀和中性盐雾试验腐蚀数据绝对差序列

试验时间	前机盖 Δ_{01}	左底盘 Δ_{03}
240h(240h)	0	0
480h(480h)	0.3713	0.3155
720h(720h)	2.4542	1.8142
960h(960h)	4.1829	2.6568

④ 最后根据式(6.1) 与式(6.2) 计算出整车不同部位道路强化腐蚀试验与室内中性盐雾试验的灰色关联度，如表 6.4 所示。

表 6.4　整车不同部位道路强化腐蚀与中性盐雾试验关联度

材料	前机盖	左底盘
Q235 碳钢	0.6607	0.6410

表 6.4 数据表明 Q235 碳钢整车不同部位道路强化腐蚀与中性盐雾试验的灰色关联度均大于 0.60，说明这种材料的整车不同部位道路强化腐蚀试验与室内中性盐雾试验的腐蚀具有关联性。

6.2.2　标准 PV1210 与整车道路强化腐蚀试验相关性分析

6.2.2.1　腐蚀产物相关性

Q235 碳钢经大众汽车 PV1210 循环盐雾标准试验后的腐蚀产物主要由 Fe_3O_4、$\alpha\text{-FeOOH}$、$\gamma\text{-FeOOH}$ 组成，而整车道路强化腐蚀试验的腐蚀产物由 Fe_3O_4、$\alpha\text{-FeOOH}$、$\beta\text{-FeOOH}$、$\gamma\text{-FeOOH}$ 和 $Fe(OH)_3$ 组成。

腐蚀产物的物相分析看出，Q235 碳钢在 PV1210 循环盐雾试验下的腐蚀产物与整车道路强化试验腐蚀产物基本相同，均含 Fe_3O_4、$\alpha\text{-FeOOH}$、$\gamma\text{-FeOOH}$，但整车道路强化腐蚀试验的腐蚀产物种类比 PV1210 循环盐雾试验多出 $Fe(OH)_3$ 和 $\beta\text{-FeOOH}$ 两种产物。$Fe(OH)_3$ 是腐蚀初期的产物，会随着干湿交替过程而转化为 FeOOH，而 $\beta\text{-FeOOH}$ 是在含氯环境中生成的腐蚀中间产物，可以进一步转化为 $\alpha\text{-FeOOH}$，因此从腐蚀产物角度分析，可以认为整车道路强化试验与大众汽车 PV1210 盐雾试验存在关联性。

6.2.2.2　腐蚀动力学相关性

① 指定参考数据列和比较数据列。将 Q235 碳钢在大众汽车 PV1210 循环

盐雾试验不同周期的腐蚀失重数据（g/m²）作为参考序列 $x_0(k)$，$k=1,\cdots,5$，以整车道路强化腐蚀试验不同周期的腐蚀失重数据作为比较序列 $x_i(k)$，$k=1,\cdots,5$。大众汽车 PV1210 循环盐雾试验的失重数据对应的时间序列为 168h、336h、504h、672h、840h，整车道路强化腐蚀试验的失重数据对应的时间序列为 240h、480h、720h、960h、1200h。利用灰色关联分析法计算室内大众汽车 PV1210 循环盐雾试验与整车道路强化腐蚀试验之间的关联度。表 6.5 为 Q235 碳钢室内外腐蚀试验原始数据。

表 6.5　Q235 碳钢整车道路强化腐蚀和 PV1210 循环盐雾试验腐蚀失重原始数据

单位：g/m²

试验时间	循环盐雾 X_0	前机盖 X_1	左底盘 X_3
168h(240h)	265.63	276.93	204.02
336h(480h)	615.57	646.98	465.26
504h(720h)	914.68	1509.4	981.43
672h(960h)	1108.78	2255.12	1350.03

② 对原始腐蚀数据进行初值化处理。按照式（6.3）和式（6.4）对表 6.5 中各数据列分别进行初值化处理，得标准化序列，结果如表 6.6 所示。

表 6.6　Q235 碳钢整车道路强化腐蚀和 PV1210 标准腐蚀失重数据初值化处理

试验时间	循环盐雾 Y_0	前机盖 Y_1	左底盘 Y_3
168h(240h)	1.0000	1.0000	1.0000
336h(480h)	2.3174	2.3363	2.2805
504h(720h)	3.4434	5.4505	4.8105
672h(960h)	4.1742	8.1433	6.6171

③ 根据表 6.6 求出绝对差 $\Delta_{0i}(k)=|Y_0(k)-Y_i(k)|$，绝对差序列结果如表 6.7 所示。

表 6.7　Q235 碳钢整车道路强化腐蚀和 PV1210 标准试验腐蚀数据绝对差序列

试验时间	前机盖 Δ_{01}	左底盘 Δ_{03}
168h(240h)	0	0
336h(480h)	0.0189	0.0369
504h(720h)	2.0070	1.3670
672h(960h)	3.9691	2.4430

④ 根据式（6.1）与式（6.2）计算出整车不同部位腐蚀试验与 PV1210 循

环盐雾试验的灰色关联度（如表 6.8 所示）。数据结果显示 Q235 碳钢在整车前机盖和左底盘道路强化腐蚀与大众汽车 PV1210 循环盐雾试验下的灰色关联度分别为 0.7053 和 0.6960，表明 Q235 碳钢在整车不同部位道路强化腐蚀试验与大众汽车 PV1210 循环盐雾试验下具有较好的关联性。

表 6.8　整车不同部位道路强化腐蚀与 PV1210 循环盐雾试验关联度

材料	前机盖	左底盘
Q235 碳钢	0.7053	0.6940

6.2.3　日产汽车 M0158（2）标准与整车挂片试验相关性分析

6.2.3.1　腐蚀产物相关性分析

Q235 碳钢采用日产汽车 M0158(2) 循环盐雾试验的腐蚀产物为 Fe_3O_4、$\alpha\text{-FeOOH}$、$\beta\text{-FeOOH}$、$\gamma\text{-FeOOH}$，而整车挂片试验各部位的腐蚀产物主要有 $Fe_2O_3 \cdot H_2O$、$\alpha\text{-FOOH}$、$\gamma\text{-FOOH}$、$Fe(OH)_3$。

从腐蚀产物的物相分析可以看出，整车挂片试验各部位试样的腐蚀产物比日产汽车 M0158(2) 循环盐雾试验多出 $Fe_2O_3 \cdot H_2O$ 和 $Fe(OH)_3$ 类水性氧化物，而日产汽车 M0158(2) 循环盐雾试验的腐蚀产物则比整车挂片试验多出 Fe_3O_4 和 $\beta\text{-FeOOH}$ 两种产物，其他试样腐蚀产物整体较为相近。虽然这两种试验的腐蚀产物成分有所差异，但在一定条件下各类腐蚀产物之间是可以相互转化的[8]。综上可知，就物相组成而言，整车挂片试验与日产汽车 M0158(2) 循环盐雾试验具有一定的相关性。

6.2.3.2　腐蚀动力学相关性分析

① 指定参考数据列和比较数据列。将 Q235 碳钢在日产汽车 M0158(2) 循环盐雾试验不同周期的腐蚀失重数据（g/m^2）作为参考序列 $x_0(k)$，$k=1,\cdots,5$，以整车挂片试验不同周期的腐蚀失重数据作为比较序列 $x_i(k)$，$k=1,\cdots,5$。日产汽车 M0158(2) 循环盐雾试验的腐蚀失重数据对应的时间序列为 240h、480h、720h、960h、1200h，室外整车挂片腐蚀试验的失重数据对应的时间序列为 30d、60d、90d、120d。最后根据相关信息，利用灰色关联度分析方法计算室内日产汽车 M0158（2）循环盐雾试验与室外整车挂片腐蚀试验之间的关联度。表 6.9 为不同试验周期下 Q235 碳钢的室内外腐蚀试验原始数据。

表 6.9　Q235 碳钢整车挂片腐蚀和 M0158(2) 循环盐雾试验腐蚀失重原始数据

单位：g/m^2

试验周期	标准 M0158(2) X_0	车顶部位 X_2	发动机部位 X_3	车底部 X_5
240h(30d)	428.27	21.5000	7.4444	25.0000
480h(60d)	941.76	36.1111	29.7500	40.0000
720h(90d)	1481.88	49.9995	41.9445	47.2222
960h(120d)	1627.36	55.0556	49.1667	59.0000

② 对原始腐蚀数据进行初值化处理。按照式(6.3) 和式(6.4) 对表 6.9 中各数据列分别进行初值化处理，得标准化序列，结果如表 6.10 所示。

表 6.10　Q235 碳钢整车挂片腐蚀和 M0158(2) 循环盐雾试验腐蚀数据初值化处理

试验时间	标准 M0158(2) Y_0	车顶部位 Y_2	发动机部位 Y_3	车底部 Y_5
240h(30d)	1.0000	1.0000	1.0000	1.0000
480h(60d)	2.1990	1.6796	3.9963	1.6000
720h(90d)	3.4602	2.3256	5.6344	1.8889
960h(120d)	3.7998	2.5607	6.6045	2.3600

③ 根据表 6.10 求出绝对差 $\Delta_{0i}(k)=|Y_0(k)-Y_i(k)|$，得绝对差序列结果如表 6.11 所示。

表 6.11　Q235 碳钢整车挂片腐蚀和 M0158(2) 循环盐雾试验腐蚀数据绝对差序列

试验时间	车顶部位 Δ_{02}	发动机部位 Δ_{03}	车底部 Δ_{05}
240h(30d)	0	0	0
480h(60d)	0.5194	1.7973	0.5990
720h(90d)	1.1346	2.1742	1.5713
960h(120d)	1.2391	2.8047	1.4398

④ 最后根据式(6.1) 与式(6.2) 计算出整车不同部位挂片腐蚀试验与 M0158(2) 循环盐雾试验的灰色关联度（如表 6.12 所示）。

表 6.12　整车不同部位道路强化腐蚀与 M0158(2) 循环盐雾试验关联度

材料	车顶部位	发动机部位	车底部
Q235 碳钢	0.5576	0.5409	0.5634

从表 6.12 可以看出，对于 Q235 碳钢来说，整车不同部位腐蚀试验与日产汽车 M0158(2) 循环盐雾试验的关联度基本上都小于 0.6，这说明 Q235

碳钢在整车不同部位的挂片试验与日产汽车 M0158（2）循环盐雾试验基本上不存在关联性，没有显著的相关关系。

6.2.4 室内盐雾试验和室外暴露试验相关性分析

将 GB/T 10125—2012、PV1210、M0158(2) 三种不同盐雾试验与外场暴晒下 Q235 碳钢的腐蚀失重按幂函数规律进行拟合，拟合后的相关系数都在 0.9 以上，表明函数拟合性较好。说明各个标准条件下腐蚀试验的腐蚀动力学过程与金属材料实际大气腐蚀动力学过程具有一定相似性[9]。

灰色关联度计算过程如下：

① 指定参考数据列和比较数据列。将 Q235 在不同标准下腐蚀试验不同时间的腐蚀失厚量数据（μm）作为参考序列 $x_0(k)$，$k=1,\cdots,5$，以在不同盐雾加速试验方法不同周期的腐蚀失重数据作为比较序列 $x_1(k)$，$k=1,\cdots,5$。各个标准的腐蚀试验数据对应的时间序列为 PV1210 循环盐雾 168h、336h、504h、672h、840h，M0158 盐雾腐蚀（2）240h、480h、720h、960h、1200h，中性盐雾加速试验环境谱作用中失厚量数据对应的时间 240h、480h、720h、960h、1200h。外场暴晒在实际环境谱中的试验时间为 1a、2a、5a、8a。利用灰色关联分析法计算不同地区户外实际环境暴晒试验与室内加速腐蚀试验之间的关联度。表 6.13 为不同周期下 Q235 室内外腐蚀试验原始数据，表 6.14 为不同周期下室内盐雾试验数据。

表 6.13 各地区 Q235 钢的年腐蚀失厚量　　　单位：μm

试验时间	北京	青岛	万宁	武汉	吐鲁番	拉萨
1a	45	79	97	58	5	2
2a	48	114	150	76	8	6
5a	55	180	210	85	15	10
8a	68	230	261	92	28	16

表 6.14 不同盐雾试验下 Q235 钢的腐蚀失厚量数据　　　单位：μm

试验时间	GB/T 10125—2012 中性盐雾	PV1210 盐雾试验	M0158 标准(2) 盐雾试验
240h(1a)	33	34	54
480h(2a)	68	78	120
720h(5a)	89	116	189
960h(8a)	137	141	207

下面以中性盐雾试验为例，计算其与户外暴露试验的相关性，首先将室内

外腐蚀失厚量数据列入同一张表中（如表 6.15 所示）。

表 6.15　Q235 不同地区中性盐雾试验与户外暴露试验腐蚀失厚量原始数据

单位：μm

试验时间	中性盐雾 X_0	北京 X_1	青岛 X_2	万宁 X_3	武汉 X_4	吐鲁番 X_5	拉萨 X_6
240h(1a)	33	45	79	97	58	5	2
480h(2a)	68	48	114	150	76	8	6
720h(5a)	89	55	180	206	85	15	10
960h(8a)	137	68	230	261	92	28	16

② 对原始腐蚀数据进行初值化处理。按照式(6.3) 和式(6.4) 对表 6.15 中各数据列分别进行初值化处理，得标准化序列。结果如表 6.16 所示。

表 6.16　Q235 不同地区中性盐雾试验与户外暴露试验腐蚀失厚量数据初值化处理结果

试验时间	中性盐雾 Y_0	北京 Y_1	青岛 Y_2	万宁 Y_3	武汉 Y_4	吐鲁番 Y_5	拉萨 Y_6
240h(1a)	1.0000	1.0000	1.0000	1.0000	1.0000	1.0000	1.0000
480h(2a)	2.0606	1.0667	1.4430	1.5464	1.3103	1.6000	3.0000
720h(5a)	2.6970	1.2222	2.2785	2.1237	1.4828	3.0000	5.0000
960h(8a)	4.1515	1.5111	2.9114	2.6907	1.2862	5.6000	8.0000

③ 根据表 6.16 求出绝对差 $\Delta_{0i}(k)=|Y_0(k)-Y_i(k)|$，得绝对差序列，结果如表 6.17 所示。

表 6.17　Q235 不同地区中性盐雾试验与户外暴露试验腐蚀失厚量数据绝对差序列

试验时间	北京 Δ_{01}	青岛 Δ_{02}	万宁 Δ_{03}	武汉 Δ_{04}	吐鲁番 Δ_{05}	拉萨 Δ_{06}
240h(1a)	0	0	0	0	0	0
480h(2a)	0.9939	0.6176	0.5196	0.7503	0.4606	0.9394
720h(5a)	1.4748	0.4185	0.5733	1.2142	0.3030	2.303
960h(8a)	2.6405	1.2401	1.4608	2.8653	1.4485	3.8485

④ 最后根据式(6.1) 和式(6.2) 计算出整车不同部位腐蚀试验与室内中性盐雾试验的灰色关联度（如表 6.18 所示）。

表 6.18　六个地点外场暴晒试验与中性盐雾试验关联度

材料	北京	青岛	万宁	武汉	吐鲁番	拉萨
Q235	0.6532	0.7967	0.7742	0.6836	0.8104	0.6151

表 6.18 表明 Q235 在外场暴晒试验与中性盐雾加速腐蚀试验的灰色关联系数均大于 0.6，其中青岛、万宁和吐鲁番关联度系数均较高，说明其相关性

相比其他地区较好。

以同样方法计算 PV1210 标准和 M0158(2) 标准的灰色关联系数,其结果如表 6.19、表 6.20 所示。

表 6.19 六个地点外场暴晒试验与 PV1210 盐雾试验关联度

材料	北京	青岛	万宁	武汉	吐鲁番	拉萨
Q235	0.6247	0.7331	0.7223	0.6410	0.7823	0.6533

可以看出,六个地点的外场暴晒试验与 PV1210 标准的盐雾试验关联度系数均大于 0.6,说明其相关性较好,其中青岛、万宁和吐鲁番地区灰色关联度系数约为 0.7 左右,相比其他地区关联度系数更大,说明其相关性更好。

表 6.20 六个地点外场暴晒试验与 M0158 盐雾试验 (2) 关联度

材料	北京	青岛	万宁	武汉	吐鲁番	拉萨
Q235	0.6484	0.7629	0.7508	0.6634	0.7794	0.6607

表 6.20 数据显示六个地点外场暴晒试验与 M0158 盐雾试验 (2) 关联度系数值均大于 0.6,说明其相关性较好;其中青岛、万宁和吐鲁番关联度系数达到 0.7,说明其相关性相对其他地区较好。

6.3 汽车材料腐蚀寿命预测

6.3.1 汽车材料经中性盐雾试验后寿命预测

采用中性盐雾加速试验方法来模拟整车不同部位道路强化腐蚀情况,建立腐蚀寿命预测模型,针对汽车常用金属 Q235 钢,取与不同部位道路强化腐蚀试验腐蚀失重相同的室内中性盐雾时间:

前机盖 $\quad \Delta W_{Q235} = 0.03164 t^{1.6289} = 1.59262 T^{0.94827}$ (6.6)

左底盘 $\quad \Delta W_{Q235} = 0.08844 t^{1.40542} = 1.59262 T^{0.94827}$ (6.7)

整理后结果为:

前机盖 $\quad T_{Q235} = 0.01604 t^{1.71776}$ (6.8)

左底盘 $\quad T_{Q235} = 0.04743 t^{1.48209}$ (6.9)

式中,ΔW 为腐蚀失重,g/m^2;T 为中性盐雾加速试验时间,h;t 为整车道路强化腐蚀试验时间,h。

6.3.2 汽车材料经大众汽车循环盐雾试验后寿命预测

利用大众汽车循环盐雾加速试验方法来模拟整车不同部位道路强化腐蚀情况，建立腐蚀寿命预测模型。取与不同部位道路强化腐蚀试验腐蚀失重相同的室内循环盐雾时间：

前机盖　　　$\Delta W_{Q235} = 0.03164 t^{1.62890} = 1.14977 T^{1.06896}$ （6.10）

左底盘　　　$\Delta W_{Q235} = 0.08844 t^{1.40542} = 1.14977 T^{1.06896}$ （6.11）

整理后结果为：

前机盖　　　　$T_{Q235} = 0.03470 t^{1.52381}$ （6.12）

左底盘　　　　$T_{Q235} = 0.08076 t^{1.31475}$ （6.13）

式中，ΔW 为腐蚀失重，g/m^2；T 为循环盐雾加速试验时间，h；t 为整车道路强化腐蚀试验时间，h。

6.3.3 整车不同部位挂片试样材料腐蚀寿命预测

通过以上分析得出，室内循环加速腐蚀试验数据与室外整车挂片腐蚀试验数据，本次试验利用室内循环盐雾加速试验方法来模拟整车不同部位挂片试样的腐蚀情况。通过该方法从而建立起整车不同部位挂片试样的腐蚀寿命预测模型，取与不同部位挂片试样腐蚀试验腐蚀失重相同的室内循环盐雾时间来进行，结果如下：

顶部　　　$\Delta W_{Q235} = 3.2564 t^{0.5829} = 3.8531 T^{0.8861}$ （6.14）

发动机　　$\Delta W_{Q235} = 1.1793 t^{0.7673} = 3.8531 T^{0.8861}$ （6.15）

车头底部　$\Delta W_{Q235} = 2.4847 t^{0.6707} = 3.8531 T^{0.8861}$ （6.16）

将上述公式进行整理，得出不同部位试样腐蚀寿命预测模型为：

顶部　　　　　$T_{Q235} = 0.8146 t^{0.6578}$ （6.17）

发动机　　　　$T_{Q235} = 0.4902 t^{0.8659}$ （6.18）

车头底部　　　$T_{Q235} = 0.7116 t^{0.7569}$ （6.19）

式中，ΔW 为腐蚀失重，g/m^2；T 为循环盐雾加速试验时间，h；t 为整车道路强化腐蚀试验时间，h。

建立了 Q235 钢循环盐雾加速腐蚀试验时间与不同部位整车挂片试样腐蚀试验时间的相关性。表 6.21 是按照预测模型得到的 Q235 钢室内加速试验时间。

第6章
汽车材料腐蚀试验相关性

表 6.21　由预测模型计算出的 Q235 钢室内加速试验时间

部位	实际服役时间/d	循环盐雾时间/h
顶部	365(1年)	40
	730(2年)	62
	1095(3年)	81
发动机	365(1年)	81
	730(2年)	148
	1095(3年)	210
车头底部	365(1年)	62
	730(2年)	105
	1095(3年)	142

 本章小结

　　本章计算拟合了不同条件下各种腐蚀试验的关联度，对中性盐雾试验、循环盐雾试验、整车道路强化试验、整车挂片试验分别做了腐蚀产物和腐蚀动力学的相关性分析计算。另外还对三种试验的腐蚀加速倍率和腐蚀寿命预测进行了数据拟合计算分析。

　　中性盐雾试验、大众汽车 PV1210 循环盐雾试验、日产汽车 M0158（2）循环盐雾试验分别与整车道路强化腐蚀试验结果对比显示，中性盐雾试验和大众汽车 PV1210 循环盐雾试验与整车道路强化试验的关联度大于 0.6，具有一定的相关性；而日产汽车 M0158（2）循环盐雾试验标准与整车道路强化腐蚀试验的关联度小于 0.6，相关性较差。就中性盐雾试验和大众汽车 PV1210 循环盐雾试验来看，大众汽车 PV1210 循环盐雾试验标准与整车道路强化腐蚀试验的相关性更好。

　　中性盐雾试验、大众汽车 PV1210 循环盐雾试验、日产汽车 M0158（2）循环盐雾试验与不同地方户外暴露试验的相关性结果显示，三种室内加速试验与户外暴露试验的关联度均大于 0.6，均具有一定的相关性，并且与六个地方中的青岛、万宁和吐鲁番的相关性更好。

　　最后利用中性盐雾试验、大众汽车循环盐雾试验和整车不同部位挂片试验数据得出其腐蚀寿命预测模型。

参 考 文 献

[1] 刘思峰，郭天榜，党耀国，等.灰色系统理论及其应用：第二版 [M].北京：科学出版社，1999.

[2] 邓聚龙.灰理论基础[M].武汉：华中科技大学出版社，2002.

[3] 杨晓明，陈明文，张渝，等.海水对金属腐蚀因素的分析及预测[J].北京科技大学学报，1999，21（02）：185-187.

[4] 刘丽，任呈强.灰色系统理论在石油工业腐蚀中的应用与进展[J].材料导报，2010，24（15）：99-102.

[5] Deng Julong. Control problems of grey systems [J]. Systems & Control Letters, 1982, 1 (5): 288-294.

[6] 吴祖堂，李岳，温熙森.灰关联分析在机械设备故障诊断中的应用[J].系统工程理论与实践，1999，19（6）：126-132.

[7] 王旭，肖葵，程学群，等.Q235钢的污染海洋大气环境腐蚀寿命预测模型[J].材料工程，2017，45（4）：51-57.

[8] Evans U R, Taylor C A J. Mechanism of atmospheric rusting [J]. Corrosion Science, 1972, 12 (3): 227-246.

[9] 毛成亮，肖葵，董超芳，等.超深冲压用冷轧板在模拟海洋大气环境中的腐蚀行为[J].中国腐蚀与防护学报，2017（02）：101-109.